税理士法人ASC
代表社員 公認会計士・税理士 **中村健一郎**

税理士法人ASC
金融商品チーム／課長 **成田 晋**

税理士法人ASC
金融商品チーム **蜷川恵実**

\なぜあの/ FXトレーダーは社長になったのか

四訂版

FXのための会社設立と運営ガイド

株式会社エーエスシー出版部

目　次

7 FX 法人の運営と節税 ……………………………………… 58

はじめに

　2022年も終わろうとする本書執筆時点において、ロシアのウクライナ侵攻はおさまることないまま、米国の利上げに端を発した歴史的な超円安時代が到来、世界的にも米ドル１強の時代となりつつあります。

　FX に関しては、かつて最大レバレッジが10倍に規制されて混乱を招いたこともありましたが、以降、レバレッジの引き下げは行われておりません。

　為替相場の急激な変動に比べると FX に関する話題性は決して高くなく、今年までの数年間は比較的安定していたように思います。

　最近では、FIRE と呼ばれる言葉が若い世代を中心に流行っています。

Financial　「経済的な」

Independence　「自立性」

Retire 「引退する」

Early 「早く」

ひと昔前の「アーリーリタイア」という言葉に、さらに経済的自立を加えたような造語です。

　終身雇用の時代は過ぎ、自ら将来を設計して自らで責任を持つような時代へシフトしてきているように感じますが、それもあってか、法人化のお問い合わせの中で「FIRE」を耳にする機会が増えていて、そのものずばりも「FIRE したいです。どうすればよいですか？」と相談されることもあります。

　プロトレーダーのようなハイレベルなお客様もひと握りいる中で、最近は FX 専業ではなく、株式投資や不動産投資、コンサルティングや物販などの実業を含め、幅広い枠組みの中での投資法人の設立が多いように思います。

　つまり、FX 法人もそのポートフォリオの一部を構成する位置づけであり、「FIRE」に向かう手段の一つです。

　法人設立をお手伝いさせていただく都度お客様に伺っていますが、その動機はいつの時代も共通です。FIRE 以外で代表的なものを列挙します。

・個人から切り離したい収入がある

・個人で受けられる仕事が増えてきた

・節税、節約したい

・レバレッジ規制を回避したい

・相続税対策をしたい

・損失は長く繰越したい

・個人での節税はもう限界に達している

・優遇税制、節税商品を使って資産形成を加速したい

・保育園に子供を預けたい

・家族に給与で恩返ししたい

・社会的地位が欲しい

　法人の維持コストとされるのは、税金や会計事務所への手数料を含めて年間35万円程ですから、これを超える節税等の効果が見込めるのであれば法人化が有利といえます。

　世間では、こうした法人の設立までを支援するサービスは以前にも増して充実していますが、その先の会計や税務にかかわる運営を支援するサービスは不十分な状況にあるようです。残念ながらこの点は初版発行の頃から幾分か改善されているものの、大きくは変わっていません。

　本書は、情報の偏在あるいは不足を、証券会社や税務署、あるいは会計ソフトサービス会社や設立代行業者などとは異なる立場から、豊富な経験も踏まえて記述しています。

　三訂版との主な違いとしては、税制改正の反映はもちろんのこと、このような「今」必要な情報を追加調整していることです。

　今後のFXによる投資の運営主体として法人を考えるときの参考にしていただけたらうれしく思います。

令和 4 年12月

　　　　　　　　代表取締役／代表社員

　　　　　　　　公認会計士　税理士　　　中村健一郎

　　　　　　　　金融商品チーム　課長　　成田　　晋

　　　　　　　　　　　　　　　　　　　　蜷川　恵実

2 個人のFX

2.1

**個人で
FXを行う
メリット**

FX取引による所得は、「先物取引に係る雑所得等」となり、雑所得20％（所得税15％、地方税5％　＊復興特別所得税0.315％は含まず、以下同じ）の申告分離課税となっています。

かつては、店頭でのFX取引は総合課税になっていて、その税率は最高50％（所得税40％、地方税10％）となっていました。

それに比べれば計算が簡便で有利になったことはもちろん、他の金融商品と同列に並ぶ20％の申告分離課税は、日本の所得関連税率の中では比較的低く、かつ累進課税でないため、きわめてクリアになっています。

その意味で、個人でFXを行うメリットは、一定の条件下においては十分にあると言えます。

既に述べたとおり、個人で FX 会社の口座を持って取引を行う。

ごくごく一般的です。

しかし、個人で行うことは次のようなデメリットがあるのも事実です。

よく知られているものに

・レバレッジ規制

があります。

ハイリスクハイリターンの代名詞だった FX も、証拠金に対して建てられるポジションはだんだんと下がってきて、今や10倍となっております。

10倍で十分という考え方がある一方、わずかにある確実な（と思われる）利ざやを、一時的に大量のポジションを取って得るような手法を取ることができず、投資手法の制約となっているのも事実です。

・損失の繰越しが３年しかできない。

FX 取引による損失は、個人の場合、３年間しか繰越せません。

このことは、次に示す「損益通算の範囲が限定的」ということと合わせて、個人で FX 取引を行うことのデメリットとなっています。

・損益通算の範囲が限定的

　FXの所得は「先物取引に係る雑所得等」となります。

　損失が発生した場合には、他の「先物取引に係る雑所得等」との損益通算は可能ですが、それ以外の所得との損益通算はできません。

　つまり、FXの損失を、給与所得はもちろんとして、不動産投資による利益（不動産所得）、他のビジネスを手がけることによって得られた利益（事業所得）などと相殺することはできないことになっています。

　これは逆もしかり。

　FXで得た利益と、不動産投資による損失（不動産所得）、あるいは他のビジネスを手がけることによって生じた損失（事業所得）などと相殺することもできません。

・経費に認められるものが少ない。

　個人でFXを行った場合、経費と認められるものはかなり限定的です。

　主に計上が認められるであろう経費項目を列挙すると下記のとおりです。

　⑴　取引口座開設のための諸費用（銀行手数料等）

　⑵　FX投資セミナー参加費

　⑶　資料代（本代）

　⑷　ツール代（投資プログラム購入費等）

　⑸　電話、インターネットなどの通信費のうち、FX取引に必要と主張できる部分

　⑹　上記のための移動に用いた交通費

これ以外にも個人でFXを行うことに必須と主張できるのであれば経費にできますがそう多くはありません。

・取引結果が個人に直接帰属する。

FXを個人で行えば、その所得は当然個人に帰属します。

多額の利益を上げたら、当然すべては個人資産となりますから、これを親族等に移転しようと思ったら、贈与税や相続税のフィルターを通らなければなりません。

裏を返すと、このことは、所得の分散や相続税対策の観点からは決して望ましいとは言えません。

・副業とみなされる可能性がある。

取引結果が個人に帰属する以上、FXを個人で行えば、その所得税や住民税に影響を与えます。

株式やFXでの投資が副業と認定されることは少ないでしょうが、会社で天引きされる住民税が大きく動いた場合には、何か会社の業務以外のものをやっているのではないか？と疑われることになります。

ただし、そうならないためには、個人の確定申告書において次項のように、

「給与・公的年金等に係る所得以外の所得に係る住民税の徴収方法の選択」において「自分で納付」に〇印を記入することで、FXのような給与所得以外の住民税は会社にはいかないことになっています。

・個人海外 FX の利益と損失は不利

　海外 FX で利益がでると、累進課税によって人によっては20％より高い税率が適用されることになります。また、損失がでていてもそれを繰越すことはできませんし、他の所得との損益通算もできません。

　状況にもよりますが、海外 FX では勝ちすぎても負けすぎてもハイレバレッジ以外の点で税金面ではあまり良いことがないようです。

　また、以前から、投資詐欺だけではなく、資金引出し不能や手続き遅延リスクが高いので私共 ASC でもおすすめはしていません。

○住民税に関する事項

給与・公的年金等に係る所得以外の所得に係る住民税の徴収方法の選択

　給与・公的年金等に係る所得以外（平成30年4月1日において65歳未満の方は給与所得以外）の所得に対する住民税については、徴収方法を選択することができます。

　給与から差し引くことを希望する場合には、「給与から差引き」の□に○を記入し、また、給与から差し引かないで別に窓口等に自分で納付することを希望する場合には、「自分で納付」の□に○を記入します。

※　給与所得及び平成30年4月1日において65歳以上の方の公的年金等に係る所得に対する住民税については、それぞれ給与又は公的年金等から差し引きされます。

※　公的年金等に係る所得に対する住民税については、「<u>市区町村からのお知らせ</u>」を参照してください。

申告書の書き方

第 二 表

○ 住民税に関する事項

住民税	非上場株式の少額配当等	非居住者の特例	配当割額控除額	特定配当等の全部の申告不要	給与、公的年金等以外の所得に係る住民税の徴収方法		都道府県、市区町村への寄附（特例控除対象）	共同募金、日赤その他の寄附	都道府県条例指定寄附	市区町村条例指定寄附
					特別徴収	自分で納付				

上記の配偶者・親族のうち別居の者の氏名・住所	氏名		住所	

どちらかに○を記入

投資詐欺

　最近ではあらゆる詐欺手段が増え、FX 周辺においても珍しくありません。

　特に投資系の詐欺については、その先にある利益を見せられることで、多くの人は平常心が保てなくなり、正常な判断がきかなくなるようなことが頻繁に起きます。
　「その先に利益があるから投資をする」に囚われているととても危険です。

　投資が絡む詐欺というのは、騙す側もそれなりの知識や経験を持って武装しているのでさらにたちが悪いのです。

　本物を装った検証データや偽の実績値を示す HP や SNS アカウントの公開、さらに具体的な利益獲得をイメージさせるような情報が次々と提供されるので、視野がどんどん狭くなってしまうようです。

　詐欺であることに気付くタイミングは、大体同じです。
　最初は調子が良くても、そのうち出金ができなくなります。

　騙す側にすると、「お金を集める期間」「逃げる期間」、その前に「調子が良いようにみせる期間」があるようですから、これをお読みの皆様にはせめて「お金を集める期間」の入口で、資金の振込先がなぜか個人名義の口座である、といったことで気付いて

ほしいところです。

　また、詐欺ではないものの危うい投資先も多いです。

　大体は、お金を預けて投資する（お金だけ預けて運用してもらう）スタイルですが、他人に預けて運用してもらう時点で、その運用者が許認可を持っているか否か？について確認する必要があります。

　また、それほど儲かることであれば、他人のお金を預かって運用してあげる意味が本当にあるのか？今一度立ち止まってお考えいただければ、自ずと答えは出てくるかと思います。

　弊社代表も、SNS投資詐欺にて勝手に名前を利用されたことがありましたから、私どもにとっても身近であり注意しなければならないことです。

　これからも、こうした話がさらに多種多様となり、もっと増えていくような気がします。

FX 法人のメリット

3.1

レバレッジ規制
の回避

　個人に課せられている10倍のレバレッジ規制を回避しようと思ったら、国内では法人口座を持つしかありません。

　そこで建てられるレバレッジは、証券会社や FX 業者によっても異なりますが、米ドル／円ペアで50倍程度となっています。

　一時は海外に口座を作ることもレバレッジ規制の回避手段として同列に考えられてきましたが、必ずしもスムーズにいかない口座開設や、開設後の信頼性などの観点から一般的に採られる方法とはなっていないようです。

　そのため、法人による FX 口座開設に、これまで同様に注目が集まっています。

3.2 損失の繰越し

個人で認められる損失の繰越しは最大3年です。

これに対して法人の場合、最大10年認められています。

海外FXについては、個人では損失を繰越せませんが、法人で行うことで上記同様に最大10年の繰越しが認められています。

なお、資本金1億円超の会社では、繰越欠損金の5割しか使えない利用制限がつきますが、本書をご覧の皆さんが設立済み、あるいはこれから設立されるFX法人の資本金が1億を超えることは一般的ではないと思うので、特に気にしなくても良いでしょう。

3.3 損失の繰戻し

昨年　FXで利益を100出して税金を20払った。

今年　FXで損失を100出した。

個人であれば、今年出した損失は来年以降に繰越すことしかできません。

つまり、昨年払った税金20を取り返すことはできないのです。

しかし、FX法人であれば今年度出た損失を前年度に持ち込んで昨年の税金を取り戻すことができます。

これを繰越しの反対の言葉として繰戻しと言います。

資本金1億円以下の中小法人にのみ前年度に限って限定的に認められている制度ですが、法人であればこのようなことが可能になるわけです。

ただし、細かいことを言いますとこれで取り返すことができるのは法人税と地方法人税のみです。

　同じく利益にかかる税金である事業税や法人住民税（法人税割）については繰越すことしかできないことになっています。

3.4

損益の通算

　あまり注目されることが多くありませんが、法人で取引を行うことの大きなメリットが、FX の損失や利益を、不動産を含む他の事業によるものと一緒に計算できることです。

　個人であれば、FX で損失が出たが、賃貸不動産で利益が出ている、といったとき、賃貸不動産による利益と FX の損失を相殺することはできません。

　なぜなら、個人にとって、賃貸不動産の所得は「不動産所得」であって、FX で生じた所得「先物取引に係る雑所得等」と区分が違い、通算も認められないからです。

　同様に個人であれば、FX で生じた利益を、他のビジネスプラン進出のために使った費用や損失と相殺することもできません。

　なぜなら、個人にとって、他のビジネスによる所得は「事業所得」であって、FX で生じた所得と区分が違うからです。

　一方、これが法人であるとどうでしょう。

　当然通算することができます。

　事業はもちろん、不動産だろうが、FX だろうが、法人にとっては同じ利益であって損失だからです。

　FX は大きな投資テーマであることはたしかですが、それだけ

を一生やっていきたい人は多くないはずです。

　私共ASCのお客様を見ていても、FXの傍ら、面白そうな事業への投資や、不動産投資を進められる方も少なくありません。

　このような状況を考えるに、個人に厳格に存在する所得区分をまたぎ、当然のように損益通算がされるFX法人の設立には大きなメリットがあると考えることができるでしょう。

3.5 完全な副業（個人との切り離し）

　2.2でご紹介した確定申告での住民税の分離方法を取ったとしても、しょせん自らがFXに投資して儲けたり損していたりする事実には変わりありません。

　お勤めの会社に個人の確定申告書を求められることはめったにないでしょうが、仮に求められたら当然わかってしまいます。

　また、個人で住宅ローンを借りようとした場合には、確定申告をしている人は源泉徴収票ではなく、確定申告書を求められますが、そこでFXで大きな取引をしていることがわかった場合、融資の判断に影響を与える可能性があります（FXで積極的に大きな取引をしている人は、何もせずに会社勤めしている人よりも安定感に乏しいと判断される可能性は十分にあります）。

　しかし、FX法人化している場合はどうでしょうか？

　特に自分が役員に就任していない場合には、完全に別人格となって少なくとも書類上の関係は切断されることになります。

　このFX法人で大きな取引をしようが、別のビジネスをしようが、個人とは直接関係がありませんから、個人の確定申告書に影

響を与えません。

　法人化には、副業としての FX と個人との関係を切断する効果もあるのです。これは主婦が FX で利益をあげる際の扶養外れを回避する策としても使われることがあります。

3.6 経費枠の広さ

　FX 法人にかかわらず、株式会社や合同会社のような営利を目的とした法人の行為は基本的に事業にかかわる営利目的とされています。

　つまり、法人が使ったオカネは、基本は法人が事業に使ったものとされます。

　もちろん、そのうち役員等の個人が使ったと明確に区分できるものは法人の経費から外さなければなりません。

　これは、個人が行う場合とちょうど逆の考え方になります。

　個人が使ったオカネは、基本は個人が自分のために使ったものとされるからです。

　その中から FX のために使ったと明確に区分できるものだけを抜き出して、FX のための所得から控除できるにすぎません。

　特に、親族への給与や家賃、クルマの減価償却費、生命保険、といったものを個人が FX を行って得た所得から費用として控除することはできませんから、このようなものまでを経費にしたいとお考えの場合には、法人化以外にありえないことになります。

　なお、ここで法人が使ったもの＝経費としましたが、さらに言えば、法人が事業のために使ったもの、と言うのが正確です。

　事業以外の目的で使ったものは、使った役員の給与に認定され

たり、通常の経費として認めてもらったりすることができません。

　つまり、会社の費用にしたければ、仮にこじつけであっても事業のために使ったことを主張できなければなりません。

3.7 決算期を選べる・変更できる

　個人の決算期は12月と決まっています。
　しかし、会社の決算は何月にすることもできますし、変更することもできます。

　ただし、12ヶ月間以上の事業年度は認められませんので、変更する場合には短くすることしかできません。

　ただ、このことは早めに事業年度を終わらせてしまうことができる、ということを意味していて、税務上有利に使える余地があります。

3.8 相続税対策として

　FXの「必勝パターン」がある、という方もいらっしゃるでしょう。
　確かに私共ASCのお客様を見ていても、設立前の宣言どおりに安定化した利益を上げていらっしゃる法人もあります。
　そして、この安定的に獲得した利益は手元に残るわけです。

　個人で投資をしていれば当然個人の財産を形成します。

一方で、法人が投資をしていれば法人の財産を形成します。

　法人は、たとえば株式会社であれば株主のものですから、株主がお子さんだったら、その残った利益はお子さんのものになります。

　これを念頭において、私共ASCのお客様でもFXで運用する父親が役員、株主がご子息、という会社があります。

　会社設立のための資金は贈与税の基礎控除110万円の枠内でご子息に贈与します。

　そして、

　会社が必要な資金は会社に父親が貸付ける。

　取締役の父親はこの会社を儲けさせる。

　残った利益はご子息のものになる、という構図です。

　いくらこの会社の財産が増えても会社のもので、さらにいえば株主であるご子息のものですから、相続税の課税対象にはなりません。

　法人化が相続対策の一つの方法としても有効であることがご理解いただけると思います。

3.9

社会的地位を得る

特に専業トレーダーや専業主婦、病弱や引きこもり気味の方にも言えることですが、法人化によってその身分が「会社経営者」となります。

あるときは、将来住宅ローンを組むために雑所得から給与所得へ所得属性を変え、さらに給与金額を高くしたり、またあるときは、結婚相手のご両親に顔向けするための地位として法人を設立したり、あるいは、呑気な方のなかには、夜のお店で使う名刺が欲しいというケースさえあります。

最近の傾向としては、育休中にどこかへ在職している地位の証明としてのFX法人、また、シニア世代のリタイア後の地位継続と老後の資産形成のための法人化も多くみられるようになっています。

3.10

法人化のメリットの誤解

WEBサイトや本などでは、FX法人になれば、銀行借入がしやすくなるかのように書かれたものがあります。

しかし、これは事実とは異なると考えて良いでしょう。

銀行がFXを含む金融商品への投資に融資を行うことは、特に中小企業が相手の場合は皆無です。

この点、法人化によって資金調達がしやすくなるということはありませんので、期待してはいけません。

ただし、FX法人が安定収益を求めて、FX以外の事業や不動産投資の資金を銀行に借りられる可能性は十分にあります。

ただ、これは不動産に担保価値があるためであって、法人だから借りやすいというものではありません。

　つまり、法人化すれば個人よりも簡単にオカネが借りられる、というようなことはなく、単なる誤解にすぎないことを覚えておきましょう。

負けたからこその成功

　将来的に資金を増やして夢の飲食店を経営するなど、新事業へ進むためのFX法人設立も珍しくありません。

　計画通りに資金が増えて新しいビジネスに進むことができれば理想だと思いますが、なかなかスマートに進めることが難しいのがFX法人です。

　印象に残っているのは、FX法人を設立して最初の半年で大きく損失を出し、突然輸出業を始めてすぐの2年目には年商3,000万円超を達成した社長さんです。

　後日談ですが、

　「お金がなくなっちゃって、以前から温めてきた構想を実行に移さざるを得なくなったんだ。仕方なしにやったら売上が伸びちゃって」ということです。

　またほかのお客様は、設立から一か月以内に大きな損失を出してしまい、これも仕方なしに前職でやっていたリゾート会員権の販売を法人で始めたところ、すぐに人手が足りなくなり、今ではどんどん人を雇って事業拡大中です。もう7期目ですが、新型コロナウィルスのパンデミックの最中、今では飲食店まで開業されています。

　FXで負けた後のメンタルの強さには驚かされましたが、不思議なもので本気になった人からお金儲けの本質の一つを見せられたような気がしました。

4 FX法人のデメリット

4.1 維持コスト

　法人化は設立コストだけでなく、設立後の会計処理、決算・申告といった会計事務所に委託するためのコストがかかります。

　素人には法人の申告はたいへん難しく、また、節税の観点で設立するのに、適当に処理した結果が後日税務署に否認されては本末転倒ですから、会計事務所との契約は避けられないと考えた方が良いと思います。

　そのためのコストは、通常であれば月2〜3万円前後、私共ASCでは、FX専業法人のために全国統一の格安プランをご用意しておりますが、それでも月1.5円かかります。

　そして、決算・申告時にさらに10万円程度がかかります。

　さらに、税金面に関しても、法人住民税が必ず年間7万円はかかりますから、これも考えておくべきコストとなります。たとえFX法人で損失を出しても、これだけは絶対にかかるコストとし

て、年間総額約35万円を見込んでおく必要があります。

4.2 個人課税との逆転リスク

FXを行う個人にかかる20％の雑所得、申告分離課税。

これ自体は決して不利な税制ではありません。

申告分離であるとは、所得がどんなに高い人が取引をして儲けても20％を超えて課税されないことを意味していますし、この20％自体が給与所得などに比べるとかなり低いものだからです。

法人関連の税率は下がっているとはいえ、どんなに低い税率が適用される法人（会社を前提としています）でも地方税を含めれば21％以下になることはなく、さらにたくさん稼ぐと40％近い税率になります。

○利益（所得）に対する税金：中小企業400万円までの税率

区分	所管	税目	税率
国税	税務署	法人税	15.000％
		地方法人税	1.545％
地方税	都道府県税事務所 ＋市区町村	法人事業税	3.500％
		特別法人事業税	1.295％
		法人住民税法人割	1.050％
合計			22.390％

したがって、法人化によって実質的にこのメリットを捨てるよう

なことがあれば、デメリットとなります。

このデメリットが出現しやすいのは、経費を計上しきれないような莫大な利益が安定的に出るような場合です。

参考までにイメージをお伝えすると、個人レベルでFXだけをやっている場合。

月百万程度の利益なら、経費をうまく使って所得分散もしながら、20％の分離課税をしのぐ節税効果が出せる可能性が高くあります。

しかし、月１千万の利益が安定的に出て、年間１．２億円の利益がFXだけで出る場合、個人で20％の税金を甘んじて受けてしまった方が簡単だし税額も安かったということは十分ありえます。

仮に１．２億の利益でもこれに対抗していく節税対策はあるわけですが、「節税」＝その多くが税金の将来の繰延であることを考えると、特に、オカネをもともと使わない人は、経費になるものが人よりも少ないわけですから、個人のままが良かったかも、ということになりやすいと言えます。

なお、会社で別のビジネスもやっている、となると話は当然変わってきます。

上記はあくまでもFXだけをやっている人が、個人と会社とでどう変わるかを示しています。

自分が支配している FX 法人がたっぷりオカネを持っているような場合、これを個人で引き出して違う使途に使いたいということがあるでしょう。

その場合でも、自分のお財布に入っているオカネのようには簡単に動かすことはできません。

なぜなら、あくまでも FX 法人は自分個人とは別人格であって、そこからオカネを引き出す場合には

(1) 会社から貸付（または仮払）を受ける。

(2) 会社に貸していたオカネ（経費の未精算額や給与の未払額を含む）を返してもらう。

(3) 会社から給料をもらう。

(4) 会社から配当をもらう。

といった理由付けが必要だからです。

これをあいまいにして引き出したままにすると、(3)の給料としての認定を受けてしまうことが起こります。

この認定を受けると、給料だから源泉所得税の徴収がされていなければならないので、遡って納付してくださいと言われてしまいます。

また、この納付はいったん会社が納付しますが、その支給を受けた本人が負担すべきものなので、最終的には個人から徴収されることになります。

ちなみに、役員相手に臨時の給与（＝役員賞与）を払った認定を受けることはこの部分は経費にならないことを意味しています（これについては、7.1も参照してください）。

また、⑶の給料ではなく⑴の貸付の扱いを受けたとしても、今度は受けた貸付であれば金利を支払う必要があるとして、

　・金利相当額を会社からもらった扱いになって源泉徴収。

　・会社はもらっていないけど受取利息を利益に計上。

　・支払った会社は、前述のとおり費用にならない役員賞与。

といった面倒な話がどんどん出てきます。

　このようなハードルがあるため、自分の会社のオカネなのに自由に動かせないという状況が起こることになります。

就職するか？　それとも設立するか？

　近年は、一度も社会に出ず、そのまま自分で生計を立てていく若者も増えてきました。学生時代から起業することは昔からありますが、投資家として自立していくことも珍しい話ではなくなりつつあります。

　先日、新規のお客様から電話でお問い合わせがありました。

　「これから就職するか、それとも法人設立するかを迷ってます。設立する場合はどのようにすれば良いですか？　どちらがお得か聞かせてください」
　決して進路相談ではありませんがそんな感じではあります。

　以前、私共 ASC でも、そうした意欲が強そうな入社前の新卒内定者と、同じようなやり取りをしたことを思い出しました。

　その際、「このまま ASC に就職するの？　それとも会社を設立して経営者になるの？　4 月の入社までに考えておいてよ」と言いました。

　会社設立ならお手伝いしますからお客様に、入社するなら従業員に。
　どちらも歓迎です。

このように笑いあったことがありましたが、最近の若年層のお問い合わせ数や法人化数の増加を考えれば、こうした話は今後もっと増えていくような気がします。

　就活イベントに起業＆会社設立ブースを出す時代もそう遠くないのかもしれません。

5 FX法人の組織形態

5.1 合同会社とは

ひとことで言うと「低コストだが、対外的信用度はいまいち」。

合同会社は、出資者がそのまま役員になる、比較的小さな会社を想定した制度です。

そのため、株式会社よりも低コストで簡単に設立することができます。また、役員に任期がないことから設立後に定期的に登記する必要もありません。さらに、決算公告の義務もありません（株式会社でも公告を行わないところが多いのですが）。

なお、設立後の会計や税金の取扱は株式会社とまったく同じです。

対外的信用は株式会社に劣りますので、一般的には小規模な会社や個人の資産管理会社などに使われることが多い会社形態とい

えます。

　ただ、FX や個人の資産管理・運用のためだけに設立するのであれば、合同会社でまったく問題ないでしょう。

　銀行口座の開設にあたっても不利益を受けることはないようです。

5.2 株式会社とは

　ひとことで言うと「合同会社よりコストは高いけれど、信用度あり」。

　株式会社は、役員以外の出資者（株主）もありえる、比較的大きな会社を想定した制度です。

　ただし、小さな株式会社では、株主＝役員である、オーナー会社であることが一般的です。

　設立のコストは合同会社よりも高くなります。

　また、最大10年おきにすることはできますが、設立後も定期的に役員の改選・留任状況を登記する必要があります（この登記にはオカネがかかります）。

　対外的信用度は合同会社よりも高く、FX 以外の事業目的がある。他人の出資を受け入れる予定がある。あるいは自分は出資だけして別の人を役員にする。

　という予定があれば、株式会社が適しています。

　ちなみに、合同会社でも、例外的取扱ながら出資だけして別の出資者を役員にすることは可能です。

5.3 コスト比較

先にも述べたとおり、合同会社と株式会社のコスト面での違いは、設立コストに限定されています。

具体的に両者を比較すると次のとおりです。

	株式会社		合同会社	
	紙定款	電子定款	紙定款	電子定款
(1) 定款認証	5万円		なし	
(2) 定款へ貼付する印紙	4万円	なし	4万円	なし
(3) 登録免許税	15万円		6万円	
合計	24万円	20万円	10万円	6万円

　一般の人が設立をすると、紙で定款を作ることになるため、定款へ貼付する印紙4万円がかかることになります。

　一方、設立を請け負う司法書士や行政書士等の士業事務所の場合、通常は電子定款によるために安く設立できます。

　このため、報酬が4万円以内であればプロに頼んだ方が安いということになります。

　なお、私共ASCが会計契約をお受けする場合も電子定款で、さらに設立の報酬はいただいておりませんので、株式会社なら20万円、合同会社なら6万円の実費のみで設立することができます。

一般社団法人とは、一般社団法人及び一般財団法人に関する法律によって設立される法人のことです。

社団法人というとかなり公的な印象を持たれる方が多いと思います。

ましてやご自身で設立や、運営することなど思いもよらないかもしれません。

しかし、一般社団法人を設立登記して運営することは株式会社、合同会社と同じくらい簡単で、設立コストも両者の中間くらいの金額で可能となっています（定款認証で約5万円、登録免許税で6万円が必要ですが、もともと定款に収入印紙を貼る必要がないため、電子定款でなくても追加的なコストが発生しません。つまり、実費だけなら11万円ちょっとで設立ができることになります）。

ただ、株式会社や合同会社とは違う点として

⑴ （営利目的ではないため）剰余金の分配をできない。

⑵ 株式のような持分を持たない。

⑶ 議決権は「社員」と言われる意思決定者が有していて、これはオカネを出した金額とは無関係

ということがあります。

剰余金の分配はしないといっても、給料を取ることは可能ですし、営利事業を行うことに制約はありません。

利益に対する法人税は原則として普通法人と変わりありません。

また、株式のような持分を持たず、「社員」が法人への拠出額

と無関係に議決権を有しているといっても、それが法人の目的や活動に制約を与えるものではありません。

　したがって、理論的にはFX法人の受け皿として一般社団法人を選択することも可能です。

　しかし、公的な側面をアピールする必要性がないFX法人において、あえて一般社団法人を選択するメリットは考えにくく、その活用はFX法人で得た利益を用いて、より公益的な（少なくとも公益的に見せたい）ビジネスを手がける際の将来の選択肢として考慮すれば良いといえるでしょう。また、FX口座の開設も業者によっては困難を極めるようです。これは前例が少なく、業者側も審査で困ってしまっているのでしょう。

5.5 結　論

　大企業や一般消費者を相手に商売をするわけでないため、基本的にFX法人に対外的な信用度が必要になることは少ないでしょうから、合同会社で良いと言えるでしょう。

　以前は証券会社やFX業者によっては合同会社だと口座が作れないケースがあったようですが、最近はそのような話を聞くことはありません。

　また、税金の計算上、株式会社よりも不利な取扱を受けることもありません（逆に有利に扱われることもありません）。

4

シミュレーションは適度に行う

　FX法人の設立で特徴的なのは、事前にシミュレーションを綿密に行われる方が多い点です。

　他の事業を行われる方は、事業ありきで、そこで得られる売上やかかるであろうコストまでは重要なものとして考えますが、結果として、あるいはその過程で課される税金や社会保険料については概ねわかっていれば良い、あるいは現段階では検討対象としなくて良い、というケースが少なくありません。

　しかし、FX法人の設立を検討される方は、むしろこちら側を重視されることが多いようです。

　個人で課税される申告分離20％の税率と比べて得なのか損なのか、FX法人化に当たっての重要な検討項目だからです。

　とはいえ、シミュレーションである以上、ほどほどの仮定を置いて実施したら、あまりパターン別に何個もやっても得るものはありません。

　実際、実感値としては、シミュレーションの実施回数や精度と、設立後のFX法人の業績や税務的な効果の成功との関連性はあまりないので、ほどほどにして、あとは走りながら調整していくという割り切りも必要なのだと思います。

　なぜなら、私共ASCのお客様をみていても、相場が相手ということもあり、シミュレーション通りにはまずいかないことが多いからです。これは、当初の計画から大きく逸れてしまう可能性があり、具体的には、思わぬタイミングで大きな利益や損失が当

たり前のように発生する可能性が消えないことを意味しています。

5

FX 法人の設立

6.1

自分で設立？

5.3で見たとおり、設立のコストは、定款認証代＋定款印紙代＋登録免許税。

つまり、株式会社で24万円、合同会社で10万円かかります。

外部の司法書士等に依頼すると本来であればさらに数万かかるのですが、外部の専門家は通常、印紙不要の電子定款によりますので、報酬が印紙代４万円以内であれば、かえって安く確実に設立ができることになります。

さらに、私共 ASC のように、電子定款に対応した上で設立報酬もいただかないスタイルも出てきているため、株式会社で20万円、合同会社で６万円で会社を専門家によって設立してもらえる環境が生まれています。

最近は自分で設立するのを支援するサイトもありますが、慣れ

ない人が試行錯誤して登記すると、結果的に税務上不利な仕様で
セットしてしまうこともあるため、同じコスト、あるいは少し低
いコストでできるのですから、外部の専門家に依頼した方が、早
くて確実です。

6.2 商 号

会社の名前（商号）は自由に決められ
ます。

現在は同一住所に同一の商号の会社が
なければ登記可能になっています。

なお、株式会社、合同会社を前後いず
れかにつけることが必要です。

また、使用できる文字は日本文字のほか、次のとおりです。

(1) ローマ字（大文字及び小文字）

(2) アラビヤ数字

(3) 「&」、「'」、「,」、「－」、「.」、「・」

※(3)は、字句（日本文字を含む。）を区切る際の符号として使
　用する場合に限り用いることができます。ただし、「.」だけ
　は、直前にローマ字を用いた場合にのみ商号の末尾に用いる
　ことができます。

※なお、ローマ字を用いて複数の単語を表記する場合に限り、
　単語間を区切るために空白（スペース）を用いることもでき
　ます。

（参考）類似商号調査について

以前は、同一法務局管内に同一目的の同一商号の会社は存在で
きないことになっていました。

そのため、設立登記をしたり、本店移転登記をするときには、設立予定エリアもしくは移転予定エリアで同じ名前の会社がないかどうかを慎重に確認することが重要な手続として存在していました。

しかし、現在においては、同一住所に同一目的の同一商号の会社がある場合に限り、登記できないことになっております。

つまり、このようなことは実際にはほとんど起こらないため、法務局に行って調べるまでもないこととして、最近では類似商号調査も行われなくなっています。

なお、登記できるからと言って、広く認識されている他人と同じ商号を利用して営業を行った場合には、不正競争防止法などの別の法律に触れますので、気をつける必要があります。

6.3 事業目的

FX専業法人の事業目的は
・外国為替証拠金取引
とすれば足ります。
これを間違って
・外国為替取引
・外国為替証拠金取引等
とすると法務局ではじかれてしまうことがあります。

ただし、残念ながらFX専業法人の一般受けは良くないようです。

以前からFXや金融投資について、投機的なイメージ、ギャン

ブル的なイメージがあるからなのかもしれません。

　業者内部のコンプライアンスの観点から、定款の事業目的に「外国為替証拠金取引」が含まれていないと口座開設ができないこともある一方で、この文言を入れることでFX専業法人とみなされて門前払いされてしまうこともあります。

　私共 ASC でも最終的な結論はまだ出ておらず、引き続き様子を見ながら対応しているところですが、最近は、「外国為替証拠金取引業務」を実際の主たる事業として、しっかりと定款の事業目的に入れる方針とし、それでも FX 専業と思われにくいように、その文言を目立たないように複数の目的を並列させて、それを事業目的の下部に差し込んで登記することをおすすめしております。

　たとえば、ネット販売やアフィリエイト（広告代理業）の経験がある、コンサルティングをするかもしれない、リサイクルショップ（古物商）をやるかもしれない、不動産の賃貸経営をするかもしれない、ということを前提に次のようなマイルドな事業会社の目的ができあがります。

マイルドな事業目的の例

　　１．インターネットなどによる通信販売業務

　　２．広告代理業

　　３．経営コンサルティング業務

　　４．古物の売買

　　５．不動産賃貸及び管理業務

　　６．有価証券の運用及び外国為替証拠金取引業務

　　７．その他前各号に付帯関連する一切の業務

なお、実際に事業を行う場合、４．は警察の許可が必要になります。

　そのほかにも登記をしても別途許認可を受けないと実施できない業務（たとえば労働者派遣事業など）がありますから注意が必要です。不用意に許認可を要する事業目的を上の方に記載してしまうと、金融機関で「許認可の写しを提出してもらえないと審査できません」と言われてしまうこともあります。

6.4 本店所在地

　本来事務所を借りてそこを本店とするのが良いのでしょうが、FX法人だけのために事務所を借りるケースはほとんどありません。

　そのため、ご自宅を事務所兼自宅として登記するのが一般的です。

　なお、登記だけであれば賃貸物件はもちろん、極論を言えば他人所有の建物であっても本店として登記することができます。

　ただし、当然のことながらこの場合、その後の会社運営に支障が生じるため、賃貸物件であれば大家さんの了承を得てから行うという常識的な対応を取るべきことになります（以前から、銀行の口座開設に際して、大家さんの事務所使用の同意書が求められることがよくあります）。

　なお、設立後に本店が移転すると、やはり登記（本店移転登記）が必要となります。

　法務局の管轄をまたぐような場合、印紙だけで６万円かかりま

すから、ご自宅に登記したいが引越をすることが多い、というような方は、ご実家やバーチャルオフィスを本店にすることも選択肢として検討するのも良いかと思います。

　ご実家の場合、税務署の所轄はご実家を管轄する税務署や地方税務当局になります。郵送物はそこから届きますし、税務調査があった場合もその所轄税務署の調査官と応対することになります。したがって数年間に1度の頻度ながら、ご実家で地元の税務署の税務調査を受ける、ということが起こり得るわけですから、あまりに遠方の場合はこの点も考慮に入れる必要があります。

　また、バーチャルオフィスは別項でも触れますが、口座開設が厳しくなるものの、まだまだ使いようによっては利用価値があるサービスです。

6.5 決算月

　誰もが12月31日と決まっている個人と異なり、会社の決算月は、自由に設定することができます。

　そして、12ヶ月を超える事業年度は認められていません。

　これは設立初年度も同じであって、決算月である以上、決算をして税務署に申告をしなければなりません。

　決算も申告も相応の知識と手間がかかり、ほとんどの場合、会計事務所に頼んで納税まで行うため、オカネもかかります。

　そのため、なるべく先延ばしすることが望ましいとされていま

す。

　設立日＝設立登記申請をした日と決まっていて、事業年度はそこから始まりますから、特にこだわりがなければ登記申請を8月に行うのであれば8月－1＝7月決算にするのがベストということになります。

　なお、決算月は登記事項ではなく、株主総会決議で変更可能です。
　したがって、オーナー会社のように株主がわずかしかいない場合には比較的簡単に変更することができます。
　たとえば、7月決算の会社が決算月の7月にものすごく儲かることになった場合、決算月を6月に変更して、7月の利益を翌期に回すというようなことが事実上可能です。

　しかしながら、決算期変更をすると、きれいに12ヶ月間ない事業年度が存在することになり対前期比較に後々支障が出たりしますし、めったに行うべきものではありません。
　税務署も、税務上の理由だけによる決算期変更については興味を持ってきますので、税務調査のときに質問を受けることになります。

6.6 資本金

　一般に資本金と各種取扱の関係は下図のようになっています。

　これより、資本金が少ない方がかかるコストは低いことが分かります。

　FX法人は、FX専業である場合には消費税の心配は不要です。かといって、無理に資本金を高める必要もありません。

　実際、私共 ASC の FX 法人のお客様でも、100万から300万の間で資本金を設定されるのが通常です。銀行口座と FX 口座開設に必要最小限の資本金があれば十分といえます。

（単位：円）

資本金	1〜	3百万〜	1千万	1千万〜1億	1億〜100億
消費税	かからない			かかる	
住民税	7万			18万	29万
配当	できない	できる			
中小の優遇	あり				なし
外形標準課税	なし				あり
留保金課税	なし				あり
交際費	OK（一部除く）				NG

消費税：第2期までの消費税
（第2期については例外あり。なお、FX によって生じる収入はもともと消費税がかからない取引となっている。）
住民税：法人住民税均等割（東京都で50人以下の場合）
中小の優遇：中小企業としての各種優遇税制の対象となるかどうか
外形標準課税：事業税の外形標準課税。資本金や人件費などの額に対しても課税される。
留保金課税：会社に留保した利益に対して行われる特別の課税
交際費：NG…但し飲食代の一部は OK。

6.7 株式数（株式会社のみ）

株式会社の場合には、資本金の額とともに株式数を決定する必要があります。

最近の会社は1株5万円で発行することが多く、資本金300万円の会社であれば、60株ということになります。

また、設立の登記には、発行可能株式総数の登記も必要になります。

これは、定款の変更なしに株式数を増やすことができる上限を定めたものです。

これにつき、公開会社であると、

発行可能株式総数 ≦ 発行済株式総数 × 4 、という制限がありますが、大部分のFX法人が該当する非公開会社であればこの制限はありません。

したがって、私共ASCが設立をお手伝いする場合、1万株あるいは10万株として、将来の増資が仮にあっても問題のないようにしております。

（参考）1株5万円について

この1株＝5万円は設立時に決めた金額に過ぎません。

将来、会社の資本金を増やしたい、要は増資したいと思ったときに、会社が成長している（もしくはすると見込んでいる）状態であればこれよりも高く、たとえば1株10万円で増資を引き受けてもらう、というようなことが出てきます。

会社が成長すれば株価が高くなる、というのは、上場していない会社であっても同じであって、FX法人においてもこれは変わりません。

6.8 役員

役員とは、

　株式会社＝代表取締役、取締役、監査役

　合同会社＝代表社員、業務執行社員

のことです。

　この人達は登記簿謄本に載りますし、税務や社会保険といった制度上の取扱も従業員と異なりますので注意が必要です。

　登記簿謄本は誰でも法務局で取得できますから、お勤めの会社にだまってこっそり役員になる、ということはできないと考えるべきです。

　実際、代表取締役として登記していたお客様は、どういう経緯か会社に知れることとなり、（もともと覚悟の上だったからかまわないということでしたが）退職されました。

　また、税務については、後述しますが、特に役員報酬についての厳格な取扱があって、期中の昇給やボーナスが実質出せないような制度になっています。

　時折、創業メンバーが揃って役員に登記してしまうケースがありますが、このような会社の場合、期末に利益が出ることがわかってもボーナスで調整するわけにもいかず、困ってしまうことに

なります。

　また、社会保険ですが、役員は経営者であって、労働者ではありません。

　つまり、労働者が加入するための労働保険（雇用保険、労災保険）に入ることはできません。

　さらにいうと、労働者を雇った場合に得られる優遇措置や助成金のようなものも役員だと当然に対象外となります。

　これより、一般には、役員への就任は最低限に留めることが得策といえるでしょう。

6.9 はんこ

　会社を設立する場合、会社の代表印を登録することになります。

　いわゆる実印です。

　設立後には印鑑証明を取ることもできますので、正式な契約のときや役所向けの書類にはこれを押すことになります。

　また、これに加えて認印に当たる角印を用意するのが普通です。これは見積書や請求書のようなものに押すことが多いものです。

　さらに、銀行印を用意するケースもあります。

　銀行印は銀行に登録するものですが、FX法人に限らず、小規模な会社では代表印と兼用してしまうことも多いので、特に必要ないでしょう。

　登記が終わったらすぐに銀行口座やFX口座の開設を進めてい

きたいでしょうから、設立登記申請のときに、通常は代表印の登録も同時に行います。

商号が決まり次第、はんこ（代表印と角印）を手配してください。

代表印（左）と角印（右）

6.10 設立後の届出

法人の設立が完了すると、登記簿謄本が取れます。その後、次のような届出書を提出します。

(1) 法人設立届出書

設立の日以後 2 か月以内に所轄税務署長に提出しなければなりません。

これには、次の書類を添付するとされていますが、特にイ、ロは必須です。

イ　定款等の写し

ロ　登記簿謄本（履歴事項全部証明書）

ハ　株主等の名簿の写し

ニ　設立趣意書

ホ　設立時の貸借対照表

ヘ　合併等により設立されたときは被合併法人等の名称及び納税地を記載した書類

　ロの登記簿謄本には、「履歴事項全部証明書」と「現在事項全部証明書」がありますが、この件に限らず、「履歴事項全部証明書」を取っておけば間違いがありません

　（設立直後の会社においては、「履歴事項全部証明書」と「現在事項全部証明書」の内容に変わりがありませんが、登記を重ねていくと、その履歴を示す事項がすべて載っている「履歴事項全部証明書」の方により詳しい情報が載っているためです）。

⑵　源泉所得税関係の届出書

　給与や報酬をもらう場合、源泉徴収を受けたことがあると思います。

　FX法人はそれを払う側になりますから、仮に代表者個人（つまり自分）に対する給料であっても、そこから所得税の源泉徴収を行わなければなりません。

　この届出としては、「源泉所得税の納期の特例に関する申請書」を提出するのが一般的です。

　これは、通常であれば支払月の翌月10日までに納付すべきところを、給与の支給人員が常時10人未満である事業所に限って半年に1回の納付で良いとするものです。

例： 2月25日に給料を払った会社の例

給料50万 − 源泉所得税 3 万 ＝ 手取り47万

源泉所得税の納期の特例を

・出していない会社……3月10日までに 3 万円を納付

・出している会社…… 7 月10日までに 3 万円を納付

(3) 青色申告の承認申請書

　青色申告とは、正しく帳簿書類を備え付けてこれにその取引を記録し、かつ、当該帳簿書類を保存する前提で、様々な税制上の特典を受けることのできる制度です。

　個人と異なり、法人で青色申告でない（つまり、白色申告である）会社は、過去に承認申請を出し忘れたり、取り消されたりして、不本意ながら青色申告書を提出することが認められないケースが一般的です。

　つまり、この承認申請は不可欠と考えるべきでしょう。

　青色申告の特典には下記のようなものがあります。

(1)　欠損金を10年間繰越せる。

　　今年出た損失は、来年以降の利益を取り消す効果があります。

　　本書でも、法人にすれば欠損金の繰越が個人の 3 年よりも長いと紹介していますが、これは青色申告の承認を受けていることを前提としています。

(2)　欠損金を繰戻すことができる。

前年利益が出て納税、今年は損失が出た、といった場合、前年分を還付してもらえます。

⑶　税務署からは、帳簿を見た上でないと修正を求められることがない。

⑷　特別償却、特別控除等の優遇措置の対象となる。

　　よく政府が経済対策などで中小法人の優遇税制を発表しますが、ほぼ全てにおいて、青色申告書を提出する中小法人が対象となっています。

　　中小企業関係の優遇税制の文章は、冒頭「中小企業者に該当する法人又は農業協同組合等で、青色申告書を提出する法人が、……」のように始まることがほとんどです。

　なお、設立第１期目から青色申告の承認を受けようとする場合の提出期限は、設立の日以後３ヶ月を経過した日と設立第１期の事業年度終了の日とのうちいずれか早い日の前日まで（要は、通常は設立から３ヶ月以内）となっています。

6.11 銀行口座の開設

　　会社の設立登記が終わった場合にまっさきにやることのもう１つが銀行口座の開設です。

　　過去には設立後に

⑴　登記簿謄本（履歴事項全部証明書）

⑵　印鑑証明書

⑶　銀行登録用のはんこ

を銀行の窓口に持っていけば、すぐに口座が作れました。

しかし、現在はかなり難しく、難航するケースが目立ってきております。

　10.10と10.11で詳述しますが、

　⑴　個人で付き合いのある銀行の支店に依頼する。

　⑵　本店登記地に近い銀行の支店に依頼する。

　といったことに注意しながら、場合によっては気長に対応することが必要になります。

　ポイントは固定電話またはIP電話番号があること、所在地が信頼できる場所であること、事業実態を説明できることです。

　難航することの多い銀行口座開設ですが、結果として開設できなかったお客様はほぼゼロなので、その点はご安心いただいて結構かと思います。

6.12 FX口座の開設

　銀行口座の開設の次に行うことはFX口座の開設です。

　お客様の状況が以下に該当しなければ特に苦労せずにFX会社の口座を開けると思います。

・その業者で出入り禁止である、または口座凍結歴がある。

・その業者で個人で勝ちすぎている。

・個人口座で登録の電話番号とメールアドレスを法人口座申請でも利用する予定。

Column 5

「金持ち父さん」が好き

　FX法人の設立でご相談に来られる方の多くが、ロバート・キヨサキの「金持ち父さん」シリーズの愛読者です。

　いわゆる経済的自由の確立を求めていて、FXはそのための一手段ということになります。

　「金持ち父さん」シリーズでは、FXや株式のような「紙の資産」への投資を中心に据えることを推奨しているわけではなく、どちらかというと不動産や実ビジネスへの投資を勧めているからなのでしょう。

　Eクワドラント、Sクワドラントの住人からBクワドラント、Iクワドラントに自分が移動していくためにはどうすれば良いか(*)。

　FXを手がけながら、そのようなより大きなテーマを意識に置く。

　私共ASCの担当者がFX法人設立を考える方々に抱く印象は、このような意識の高さです。

　(*)「金持ち父さん」シリーズでは基本的に、会社勤めで給料をもらうEクワドラント、自営業者や小規模事業経営者のSクワドラントから、いずれビッグビジネスを経営するBクワドラントや投資家としてのIクワドラントを目指すべき、という考え方が紹介されています。

7 FX法人の運営と節税

税務上、役員報酬が経費として認められるための条件があります。

(1) 定時同額給与、(2) 事前確定届出給与、(3) 業績連動給与、の3条件。

このいずれかを満たすことです。

(3)は有価証券報告書を提出するような上場企業にしか適用されないものであるため、ここで取り上げるFX法人のような中小会社は(1)か(2)になります。

そして、このうち絶対外せないものが(1)定時同額給与です。

これを簡単に言えば「期中変動しない役員報酬」というような意味になり、

事業年度開始から最後まで毎月定額なもの、要は期中の昇給やボーナスの支給がない状態の給与ということになります。

なお、正確に言うと、事業年度開始から3ヵ月以内に決定され

た給与とされていて、たとえば下図のような支給スタイルになります。

| | | 6月 | 7月 | 8月 | 9月 | 10月 | 11月 | 12月 | 1月 | 2月 | 3月 |

３月決算企業で役員報酬を昇給する例（定時同額給与）

なお、これに反する形で昇給したり、ボーナスを払うこと自体はもちろん違法ではないのですが、その場合、上に出っ張った金額が税務上の経費として認めてもらえないということになっています。

したがって、役員の給与は、期中低めに抑えておいて、利益が出そうならボーナスを出す、というようなアイデアは現実的ではなく、一般に行われません。

ちなみに⑵事前確定届出給与とは、事前に（事業年度開始後の一定時期までに）ボーナスを税務署に予告し、そのとおりに支払ったら認めるというもの。

その意味で、事業年度途中で実際に儲かったら出す、儲からなかったら出さない、という目的には使えないことがわかると思います。

このように役員報酬の設定は期の初めに慎重に行わなければなりません。

FX法人を立ち上げる方のほとんどは、会社に残す利益は別になくても良い、あってもちょっとで良い、という程度にお考えの方が多いので、そうであるとなおさら利益や使える予定の経費を見込んだ上で役員報酬を設定することになります。

7.2 みなし役員

　登記上、役員かどうか、ということはもちろん気をつける必要があります。

　しかしながら、税務上、役員とは登記上の役員ばかりではありません。

　いわゆる「みなし役員」という、税務上は登記された役員と同列に扱われるケースがあるからです。

　みなし役員とは下記の場合に該当します。

(1)　法人の使用人（職制上使用人としての地位のみを有する者に限る。(2)において同じ）以外の者でその法人の経営に従事しているもの

　つまり、会長、社長、相談役や顧問のように、実質的に会社の経営に関与していると見られる場合です。

(2)　同族会社の使用人のうち、自分や親族で株式を多く持っていて、会社の経営に従事しているもの

　つまり、特に(2)に注目すると、FX法人のように自分や親族に持株が集中している状態で経営にかかわると、役員として登記し

ていなくても役員扱いされる場合があるということになります。

　税務上の「みなし役員」の場合、税務上は役員である以上、期末に儲かったときにボーナスを支払ったりすると、定時同額給与でないとされ、経費にならないという問題を生じます。

　・役員への変動給はまずい。
　・役員にボーナスを払うのはまずい。
　・役員の期中昇給をすべきでない。

　少し会社の税金を勉強した人はこのようなことを理解されていますが、その役員の範囲は、登記された役員のみと考えているケースが多いのでご注意ください。
　もし気になるときは下記の条文を見て研究すると良いと思います（比較的短い条文ですから、解説書を探すよりもかえってわかりやすいと思います）。
　法人税法第2条第15号
　法人税法施行令第7条
　法人税基本通達9－2－1

7.3

従業員の範囲と給与

　個人事業主である場合、一定の条件を満たせば親族に給与を支払うことができます。

　「専従者給与」というのがそれで、事業に専従していることを条件に税務署に届け出て、その範囲で支払ったものについて経費にできるというものです。

　ただ、FXでこのような専従者給与を支払うことはできません。

　FXのための資料集めを手伝ってもらった、経費の領収書整理や集計をしてもらった、ということがあって、それにいくらか支払ったとしても経費とすることはできないわけです。

　しかしながら、FX法人であれば問題なくこのようなことを行うことができます。

　奥様や父母のような親族に対して、何らかの業務をしてもらうことに対して給与を支払うことは問題ありません。

　ただし、親族だからと言って何もしていない人に支払うことには注意が必要です。

　会社の業務に何らかの貢献があって、世間相場からいって不相応な金額になっていなければOKということです。

　なお、このような親族に対する給与であっても源泉徴収の計算が必要になります。

　それが面倒な場合は、扶養も考えて月85,000円程度で支給することが多いのですが、この程度であれば、軽いお手伝い程度であ

っても認められることが多いのも理由の1つとなっています。

7.4 経費の精算方法

会社に経費をつける方法には、会社に金庫（現金）を置いておき、領収書と引き換えに現金を出して現金出納帳に記録していく、というのが典型的な方法です。

しかしながら、これをやるのは煩雑ですし、常に領収書を超える現金がないとマイナス残高になってしまいます。そもそもちゃんと管理する気でやっていても残高が合わないということも起こります。

このようなことに対応するために、会社には現金を置かない方法があります。

次のような精算書を用いる方法です。

例では、10月の1ヶ月間に社長のF山さんがポケットマネーで立て替えたコストを集計しています。

このように、おおまかにわかる範囲で費用を分けながら作成し、これをプリントアウトします。

その紙に、対応する領収書をホチキス止めでもしておけば精算書の出来上がりです。

これを会社に提出し、後日振り込んでもらえば良いのです。

そのタイミングを給与振込と同日などにすれば手間も減りますし、キャッシュレスで経費を動かすことができます。

さらに言えば、精算書だけ出して会社の経費にする一方で、オカネは引き出さない（会社に貸しておく）という方法も取ること

立替経費精算書

社員No. _____ 　1 氏名　F山×夫　　印

期間　自 令和04年10月1日　至 令和04年10月31日　　（　／　）

月	日	摘要	接待交際費	会議費	旅費交通費	図書費	事務用消費	通信費	消耗器具（備品費）	その他	軽減税率8%
10	11	雑誌（投資術）				700					
10	22	打合せ（××社○様と喫茶店で）		800						200	
10	22	収入印紙（契約書貼付）									
10	20	備品-品川往復			260						
10	20	打合せ（公庫と飲み会）■品川店で ※高額	15,000								
10	20	セミナー代（システムトレードマスターズ）								65,000	
10	15	セミナー往復交通費 蒲町-品川往復費			4,000						
10	20	ガソリン代								30,000	
10	30	自家家賃 事務所使用料（自宅 按分率20%）								30,000	
10	30	自家通信費 事務所使用料（自宅 按分率20%）									
10	30	自宅水道光熱費 事務所使用料（自宅 按分率20%）								200,000	
10	30	設立費用一式			500						
10	30	打合せ用備品 交通費									110
10	30	定期購読費 新聞（紙媒体）									3,950
		合計	15,000	800	5,020	700	0	0	0	312,200	4,060

当月請求額 _____ 337,780 円

（注記欄）

- 名前を入力します。
- 年度・日付を入力します。
- 内容のほか、相手先の名称・人数を明記します。
- 領収書の日付を書きます。
- 同じ使ったのかを記入します。

区分がない、もしくはわからないときは、この「その他」の欄に入力します。
※区分についてはのちのシート科目区分にご確認下さい。

領収書のまとめ方　一例：
科目毎に日付順に整理し、ホチキスで開じてその合計金額を記載します。
なお、領収書類のまとめ方は各自で定められておりますが、将来見直した時に
確認しやすい方法であれば問題ありません。

ができます。

　その分会社の社長に対する未払が増えていきますので、将来会社のオカネに余裕ができるまでそのままにしておくこともできます。

　FX法人は、社長だけ、あるいは社長と少数の役職員だけで構成されていることが多く、この方法は適用しやすいと思いますので参考にしてください。

7.5 家賃・光熱費の負担

　会社であって事務所がある以上、FX法人であっても家賃や光熱費の負担をすることは認められると考えて良いでしょう。

(1) 家賃について

　多くの場合、自宅兼事務所であると考えられますから、家賃の一部を負担させることを考えます。

　但し、これらは無条件に負担させられるわけではなく、一般的には面積比で行うことになります。

　たとえば、トレーディングルームがあれば全面積に対するその比率で、ルームでなかったとしても、そのスペースを測定し、その比率を計算し、これに家賃総額をかけて計算することができます。

　会社の負担する家賃＝総家賃×事務所占有割合

なお、ここで気をつけるべきは、生活している以上、事務所占有割合は100％にはならないということです。

　ワンルームに住んでいて、すべてトレーディングに使っているとしても100％はいけません。住んで生活しているからです。

　FX法人でなかったとしても、せいぜい３分の１程度までが許容されやすいことを考えると、それを超えて主張することはよほどのことがない限り難しいでしょう。

　また、もう１つ気をつけるべきは、持ち家である場合です。

　この場合、自分が大家さんになって不動産所得が発生するだけとなりますので、金額次第では個人で確定申告が必要になります。

　さらにいえば住宅ローンを借りている場合、１割を越えて会社負担としたケースはその部分が居住用ではなくなりますから、住宅ローン控除の対象ともならなくなります。

　したがって賃貸物件でない場合、特に住宅ローン控除を受けている場合には、家賃を会社負担させることは慎重にしないといけません。

⑵　光熱費について

　光熱費を会社に負担させたいときも、上記家賃に準じた割合で負担させることが理想的です。

　しかし、毎月変わる金額を電卓を叩いて計算して経費にしていくのは大変なので、一般的には年度を通した平均値を参考にして定額で負担させることも多いようです。

7.6

交際費について

　一定金額を超える取引先との飲食、あるいは取引先への贈答等は交際費に該当します。

　正確には、交際費等とは、交際費、接待費、機密費その他の費用で、法人が、その得意先、仕入先その他事業に関係のある者等に対する接待、供応、慰安、贈答その他これらに類する行為のために支出する費用をいいます。

　交際費は税務上は少し不利な経費になりますので、注意が必要です。

　なぜなら、交際費が800万円を超えたら超えた部分の全額が税務上の経費とならないからです。

　たとえば、交際費を900万円使ったA社において、

　900万円−800万＝100万円が税務上経費とは認められずに税金がかかることになります。

　したがって、ここでも処理にあたっての基準を明確にしておきましょう。

　まず、社外との飲食は1人あたり5千円を超える場合は交際費にすることとなっています（アルコールが出ているかどうかは無関係です）。

　逆に言うと、それ以下であれば通常、会議費などとして処理します。

FX法人でも、投資家仲間との情報交換をされているケースもあるでしょうから、このような社外の方々との打合せや情報交換にあたっての飲食は業務に関連するものとして会社負担で処理して問題ありません。

　また、役員・従業員同士の打ち合わせには金額基準はありませんが、アルコールが出たり、多額になったような場合は、社内であったとしても、(社内)交際費として交際費処理することになっています。

　なお、喫茶店等で打ち合わせをしたり、昼食をとりながらのランチミーティングなどは会議費にして問題ありません。
　とはいえ、毎日の家族での昼食代を無条件に経費にすることは避けた方が良いと思います。
　親族で構成された役員・従業員かもしれませんが、これをすると単に給与を余分に払ったとして給与に認定される恐れがあるからです(ちなみに給与に認定されると、全員に源泉徴収の話が発生するのと、役員の場合は会社にとっても経費にならないことになります)。

7.7

クルマを経費に

　　FXを個人で行っている場合に、クルマを経費にすることは通常できません。

　　ただし、法人であれば可能性があります。

　　なぜなら、どんなに中小零細の会社であっても、会社の名義で購入し、業務に使用しているクルマの経費は認められるからです。

　過去には、2枚トビラはダメだとか、ボディーに会社の名前や電話番号が書いていないとダメ、というものがありました。

　しかし、最近は特にそのようなことで税務署に否認されることはないようです。

　一方で、個人名義のクルマを会社扱いにして、あらゆるコストを会社持ちにした場合、否認される可能性が高まります。

　あくまでもそのクルマは社長の個人所有の財産であって、その本体の額はもちろん、車検代や修理代といった維持のためのコストは社長個人が負担すべきだからです。

　このような場合には、業務に使ったと主張できるガソリン代、高速代を負担させる、もしくはこれに加えてレンタカーを利用したときと同レベルまで賃借料を支払う、ということがせいぜいということになります。

　そのため、一般の中小法人では、会社名義で購入し社有車とします。

　FX法人であっても、FXにとどまらないあらゆるビジネスチ

ャンスを模索するために車両を持つことはあり得るわけですから、この点も検討してみると良いでしょう。

　ちなみに、クルマは通常の場合30万円以上しますから、買った金額がそのまま買った事業年度の経費になるわけではありません（これについては7.8減価償却について、を参照してください）。

7.8 減価償却について

　複数年使えるものは全額をその期の経費とせず、いったん「資産」とします。「資産」は利用可能期間にわたって徐々に経費にしていきますが、そのことを「減価償却」と言います。

　しかし、何年も使えるからといって、少額のものにまでこれをやっていると大変なことになりますから、金額基準を定めてこの対象から除外することとなっており、それをまとめると次のとおりです。

単価	原則	中小企業
10万円未満	全額経費処理	全額経費処理
10万円以上20万円未満	3年均等償却	全額経費処理(＊)
20万円以上30万円未満	資産計上	
30万円以上		資産計上

（＊）中小企業の特例により、上限は年間300万円までで、それを超える部分は「原則」に従う。

　ここで資産計上とあるのは、経費にする前にいったん「車両」

や「備品」などとして現金や預金と同じ資産に計上する、ということです。

　資産は乗用車なら6年で「減価償却」＝6年間に渡って分割して経費にしていくこととなっています。

　この減価償却は、さらに月割りすることになっていますから、期末近くにクルマを買っても1ヶ月分しか経費にならなかった、ということが起こり得ます。

　このため、決算対策としては30万円未満の物品（たとえばパソコンなど）を買うことが多いようです。

　なお、「乗用車なら6年」としたのは、新車の場合の年数です。中古車であれば経過年数に応じて減っていき、古いものだと最短で2年で減価償却をすることができます。

　そのため、クルマ好きな社長は、中古の高級外車を買って多額の減価償却費を発生させ、業績が悪いときに売って利益を出す、という調整をすることもあります（たとえば、2年で減価償却が終わった後にはフェラーリが帳簿に残存価額1円で載ることになりますが、これを売ると差額が利益になります）。

7.9 社宅について

　給料の中で、住宅手当などの名目で支給しても、何ら税制上の優遇措置はありません（非課税とされる通勤手当とは、この点で違います）。

　ただし、いったん会社が借り上げ、そこに社宅として入居すると扱いが変わってきます。

あくまでも会社が契約者となって大家さんと契約することが必要です。

　設立したばかりの会社とは大家さんが嫌がって進められないこともありますから、その場合はあきらめなければいけません。

　もし、この手続を通せるのであれば、会社が一部負担しても、個人には所得税がかからない状態を作ることができます。

　たとえば、10万の家賃の住宅を会社が借りて、役員が4万円を負担している、という状態。

　この役員は6万円分をもらっているわけですが、ここに所得税はかからないのです（ちなみに、役員が負担すべき金額は、厳密には固定資産税評価額を基準に計算することとなっていますが、概ね4割取っていれば問題ない水準になろうかと思います）。

　なお、この取扱はFX法人だからダメだとかはありませんから、積極的に活用するのが良いと思います。

　ちなみに、事務所兼自宅の場合も同じです。

　家賃15万、うち事務所部分が3分の1であれば5万円は事務所として全額会社負担。

　残り10万部分を社宅として、上記と同じ社宅としての計算をすれば良いのです。

7.10

社会保険の
考え方

　会社の入るべき社会保険には、（狭義の）社会保険と労働保険とがあります。

　それを料率と合わせて一覧にすると下記のとおりです。

　これは、給料に対する保険料の割合です。

　ご覧のとおり、給料の約15％を本人が負担し、ほぼ同額を会社が負担することになります。

		全額	会社負担	本人負担
（狭義の）社会保険	健康保険	9.810％	4.905％	4.905％
	介護保険	1.640％	0.820％	0.820％
	厚生年金保険	18.300％	9.150％	9.150％
	小計	29.750％	14.875％	14.875％
労働保険	雇用保険	1.350％	0.850％	0.500％
	労災保険	0.300％	0.300％	0.000％
	小計	1.650％	1.150％	0.500％
合計		31.400％	16.025％	15.375％

・社会保険は令和4年10月時点で適用されている東京都協会健保の料率です。
・うち介護保険は40歳以上に適用されます。
・労働保険は令和4年10月分で適用される料率です。
・うち労災保険はその他の各種事業に対するものです。

　なお、雇用保険は役員以外の人を雇用した場合に限って必要となり、さらに所定労働時間が週20時間以上あることなどの要件を満たすことが加入要件となっています。

　また、事業主と同居の親族は雇用保険の被保険者にはならない

ため、FX法人が労働保険の適用を受ける機会はあまり多くないと思われます。

一方、（狭義の）社会保険について。

設立間もない小さな会社は、その社長が国民健康保険、国民年金に加入したままであることもよく見受けられますが、本来は、役員1人しかいない会社でも入るべきとされています。

ただ、その会社で給料を取っていない場合には必要ありませんし、正社員の4分の3に満たない勤務しかない非常勤のような場合も代表者でなければ入る必要がないとされています。

したがって、副業としてFX法人を経営している間は必要ないことが多いですが、会社を辞めて専念するような場合には真剣に加入を検討すべきということになります。特に、最近は事業所の社会保険加入について厳しく行政指導されるケースが相次いでおり、遅かれ早かれ加入することになります。

7.11 節税用の保険1（倒産防止共済）

倒産防止共済は、経営セーフティ共済（中小企業倒産防止共済制度）と言われ、本来の趣旨は、取引先事業者の倒産の影響を受けて、中小企業が連鎖倒産や経営難に陥ることを防止するための共済制度です。

中小企業倒産防止共済法に基づき、独立行政法人中小企業基盤整備機構が運営しており、実質国が運営しています。

そのメリットには

⑴　最高8,000万円の共済金の貸付が受けられる。

⑵　貸付は無担保・無保証

というものがありますが、もっとも注目すべきは、

⑶　掛金は税法上損金にできる。

という点です。

　月の掛金上限が20万なので、これを期末に年払いして最大240万円をその期の経費とすることができます。

　そして、40ヶ月分以上納付後に解約した場合、いつでも100％掛金が戻ってきます。

　つまり、費用で貯金するような性格を持つため、FX法人に限らず、決算期近くに利益が残っている中小企業の多くが利用する制度となっています。

　当然のことながらFXを個人でやっている場合、このような制度を利用してFXの利益を減らすことはできませんが、FX法人であれば問題なく利用可能です（ただし、設立初年度は加入できないため、実際の加入は2期目以降になります）。

7.12

節税用の保険２（民間生保）

FXを個人でやっている場合、利益が出たからと言って節税型の生命保険に加入して何百万円、何千万円を経費に落とす、ということはできません。

なぜなら、個人にとって生命保険料は生命保険料控除の対象であって、その上限は年数万円にしか過ぎないからです。

一方、法人であれば、保険料は基本的に経費です。

かつてはこの性質を露骨に使った節税商品（＝多額の保険料を支払って経費にして将来解約して利益として戻すという、つまり、解約ありきで、解約返戻金のある長期の保険）が多く売り出され、経営者に人気がありました。

しかし、この生命保険による節税は、税務当局による規制とのいたちごっこが続き、数年前の税制改正で事実上封じられました。

全額経費にできるのは最高解約返戻率（解約したときにもらえるオカネのそれまで支払ってきた保険料に対する割合）が50％以下のものだけとなり、返戻率が高いものは経費になる部分が大きく制限されることになったのです。

以後、生命保険の節税メリットは激減しています。

しかしながら、たとえば将来の役職員の退職金を一部経費にしながら備える手段としては、会社で加入する生命保険は依然として有効ですから、まだまだ十分に検討の価値があります。

7.13

節税用の保険３
（小規模企業共済）

　小規模企業共済制度は、個人事業を辞めたとき、会社等の役員を退職したときなどの生活資金等をあらかじめ積み立てておくための共済制度です。

　中小企業者の退職金積立制度といってよいでしょう。

　7.11の倒産防止共済同様、独立行政法人中小企業基盤整備機構が運営しています。

　この掛金はかなりの税の優遇がされていますが、同じ節税でも、倒産防止共済や前項の民間生保の保険は会社の経費となって会社の利益・税金を減らすのに対して、これは役員等個人の税金を減らす点が違います。

　掛金は個人の所得税の計算上、最大年84万円の掛金全額が所得から控除されますので、個人用の生保などに比べると控除される金額が大きくなっています。

　受け取るときも基本的に退職所得扱いをされる有利な取扱となっており、サラリーマンの方がわざわざ副業をして加入を試みることがあるくらいです。

　これは、ホームページのよくある質問で、サラリーマンの人が不動産業を兼業しているくらいでは希望しても加入できない旨、明らかにされていることもわかります。

　ただこれは、FX法人についても当てはまり、役員として登記されていれば加入資格がある一方、されていない場合にはありま

せん。

　そのため、副業として奥様だけが役員になって給与を取っているような場合には、奥様が加入してその節税や将来への備えとして検討するということになります。

給料と退職金。

　簡単にいうと、退職金にかかる所得税は、給料にかかるものの半分です。

　正確には、退職所得の金額は、次のように計算し、これに税金がかかります。

（退職金 − 退職所得控除額）× 1／2 ＝ 退職所得の金額

　つまり、会社から同じオカネをもらうのであれば所得税の観点から退職金は魅力的なわけです（会社としては給料でも退職金でも経費という点で同じです）。

　したがって、節税手段の出口に退職金を設計することが多いのもこれを理由にしています

　（会社の利益を繰り延べて、最後に退職金で吐き出す、という典型的なプラン）。

　ただし、勤続年数が5年以下の人が支払を受ける退職金については上記式の「× 1／2」をしない、ということになっています。

7.15

短期前払費用

会計理論上は少々おかしいことなのですが、税務上は短期前払費用なるものが経費として認められています。

これを簡単に言うと、1年分の前払であれば翌期の分も支払った期の経費にして良い、というもの。

来期の分を払ってもそれが経費になるのです。

なお、これには各種規定や通達、過去の裁決や判例で次の要件があるとされています。

⑴ 等質等量

毎月性質が同じサービス提供を等量受ける。

⑵ 重要性が乏しい

損益に与える影響が大きくない。

⑶ 収益との対応関係がない

売上等と連動する費用ではない。

これに照らし、保険料や家賃・駐車場代といったものが典型例とされています。

保険で節税、と言った場合、期末に1年分を支払って（年払いして）まるごとその期の経費にしますが、これは特に意識せずにこの制度を使っていることになります。

家賃についても、1年分を前払すれば認められますから、今期の課税を免れたい、と言う場合には有効な方法です（ただし、考えればすぐにわかるとおり、単なる費用の先取りですから、その

効果は1年しかありません）。

　ちなみに、翌年度行われるセミナー参加費を前払いしたり、システム開発事業者に翌年度分を前もって支払ってみたところで、支払った期の経費にはなりません。また、社宅家賃についても認められませんので、注意が必要です（その場合、単に「前渡金」などとして処理します）。

7.16 その他節税テーマ

　節税として、過去10年ほどでもっとも注目されてきたものの中に太陽光発電があります。

　そのメリットを簡単に掲げると、20年間、固定価格で売電が保証されていながら、投資額の大部分を即時に減価償却できるというものでした。この点は現在もコインランドリー、マイニング機器でも同じですが、太陽光発電については、優遇税制措置の終了により節税の手段には使えなくなりました。

　そこで次に、注目されたものが工事現場の足場レンタル事業でした。

　おカネさえ払えば、足場は1本10万円未満を購入した年に費用として取り扱うことができ、それが若干の利益が乗った形で9年がかりでレンタル売上として返ってくるので、余剰資金がある場合、利益の繰延手段として十分に検討できるものでした。

　しかし、令和4年税制改正によりこの類のレンタル節税商品の

多くが封じ込められ、同種のスキームで構成されたドローンレンタルや LED レンタル、他に大手金融機関が取り扱う工事現場の敷き鉄板レンタルなども同様に節税としては利用できなくなりました。

　節税商品の選択肢が減少傾向にある今日においては、ビジネスとしての安定性が低いコインランドリー経営や先行き不透明なマイニング機器を節税商品として選択されることも珍しくなくなりました。
　昔はともかく、現在ではやはり手を出しやすい部類に入っているということかもしれません。

　そのほか、早期償却の観点からの商品ですが、車両系のレンタル事業（中古車）を行うことで 2 年償却、また工事現場の足場であれば 3 年償却などがまだまだ利用できます。

　ただし、注意すべき点は、単に納税したくないからといって納税額以上のキャッシュアウトをしてしまうこと。それで手元の現金に不足を生じては、本業に悪影響を与えてしまいます。
　もし、節税商品の選定に迷われた場合、あるいはご希望される場合は、私共にご相談いただければと思います。

6

地方での FX

　中国地方の税務署から調査の連絡を受けました。

　私共 ASC には全国にお客様がいらっしゃいます。今回は、前年に設立をお任せされた FX 法人の社長さんの、その年初から設立までの個人所得税についてでした。

　FX で大きな利益を上げた年で、その税務署でも珍しいので見せてもらいたい、という話でした。

　新幹線で移動し、現地で調査に立ち会います。

　比較的和やかに 1 日で終わり、一部海外 FX で漏れていたものがあったのでこれを修正することでまとまった、と思いました。

　が、後日税務署から電話がかかってきました。

　どうしてももう 1 日とってほしい。こちらから我々が東京に行ってもよい。

　もう少し確かめたい点があった。

　理由は言うのですがわざわざ東京に来る話とも考えられず、どうも真意が裏にあるようです。

　なんでだろう。お客様もたまに東京に来られる機会があるので、そのタイミングで税務署を迎えました。

　そこに彼らが持ってきたものは、お客様が 3 年前まで行っていた別の事業の所得についてでした。

　改めて伺うと無申告だったとのこと。

　売上が年 1 千万を超える年もあって、7 年前までさかのぼると相当の税額になります。

同業者には無申告の人も多く、大丈夫だと言われていたとのこと。

　銀行口座を通って入ってくる売上が大丈夫なはずはないのですが、新しい業界では根拠もなく申告の必要がないかのように周囲から言われるケースもあるようです。

　お客様も申告は面倒だし、オカネはとられそうだし、自分に都合の良い話に乗ってしまったとのこと。

　今回は重加算税、延滞税がたっぷりかかってしまいました。

　儲かったら税金がかかります。

　当たり前のことではあるのですが、税額を下げるには、合法的な手段、ルールの中で考えないといけません。

　まだ20代半ばのお若い社長さんも、最終的には良い勉強になりました、とのことでした。

　タイトルは地方での、としましたが、これは都心でも同じです。

会社の税金と申告

8.1

課税対象となる利益

「利益には税金がかかる」

基本的にはそのとおりです。

ただ、FX を個人で運用されている方に多いのは、決済した実現損益とスワップ損益だけに税金がかかるという認識かと思います。

個人であれば、年末に含み損のあるポジションをあえて決済して課税対象となる利益を減らすとか、含み益のあるポジションの決済をあえて年末をまたいで課税時期を遅らせる、とかします。

これは、含み損益には課税されないということを前提にした行為であって個人であれば当然問題ありません。

しかし FX 法人の場合、実現した決済損益とスワップ損益のみならず、含み損益も課税対象として計算しなければならず、この点注意が必要です。

なお、法人の場合、個人のような所得区分がありませんから、

FX 以外でも、その年度に法人が手がけて儲けた事業の利益があれば、FX による利益と合算された上で、会社で払った給料やその他の経費が差し引かれて課税対象となります。

8.2

会社の税金1
（利益に対する税金）

会社の税金には国税と地方税があります。

国税は税務署が、地方税は都道府県税事務所、市区町村役場が管理しています。

国税には、法人税、地方法人税、所得税、消費税、印紙税等があり、

地方税には、法人事業税、特別法人事業税、法人住民税があります。

ちなみに、FX 取引は消費税の課税対象とはなりません。

これらのうち、利益に対する税金を整理すると次のようになります。

利益（所得）に対する税金：中小企業400万円までの税率

区分	所管	税目	税率
国税	税務署	法人税	15.000%
		地方法人税	1.545%
地方税	都道府県税事務所＋市区町村	法人事業税	3.500%
		特別法人事業税	1.295%
		法人住民税法人税割	1.050%
合計			22.390%

つまり、利益（所得）が400万円までであれば、税率はそれほど大きくないことがわかるかと思います。

　特にこのうち、法人事業税と特別法人事業税は、支払った年度の経費になり、税金を減らす効果がありますから、それを考えると実効税率はさらに下がります。

　ただし、400万〜800万、さらには800万超となると税率は徐々に上がっていき40％近くになります。

8.3 会社の税金2 （その他の税金）

　前項で利益に対する税金を見ましたが、それ以外に会社の経営に出てくる税金を見ることにしましょう。

㋐　源泉所得税

　源泉所得税とは、支払者が支払を受ける者に代わって税金を徴収し、それを納付する制度です。よく「税金が天引きされた」ということがありますが、これは「源泉徴収された」と同じ意味です。

　このうち、FX法人に関係しそうなものは下記になります。

⑴　給与所得の源泉徴収

　FX法人に役員や従業員として所属するメンバーには給与を払います（非常勤だったり、名前だけで働いていない人にまで払う必要はありません。逆に名前だけの人に払うと税務上問題が生じることすらあります）。

このときに差し引くのが給与所得の源泉徴収です。

この料率は一覧になっています。

その月の社会保険料等控除後の給与等の金額		甲								乙
		扶養親族等の数								
		0 人	1 人	2 人	3 人	4 人	5 人	6 人	7 人	
以　上	未　満	税							額	税　　額
円 440,000	円 443,000	円 20,090	円 16,700	円 13,470	円 10,240	円 7,650	円 6,030	円 4,420	円 2,800	円 113,600
443,000	446,000	20,580	16,950	13,710	10,490	7,770	6,160	4,540	2,920	115,400
446,000	449,000	21,070	17,190	13,960	10,730	7,890	6,280	4,670	3,040	117,100
449,000	452,000	21,560	17,440	14,200	10,980	8,010	6,400	4,790	3,170	118,700
452,000	455,000	22,050	17,680	14,450	11,220	8,140	6,520	4,910	3,290	120,500
455,000	458,000	22,540	17,930	14,690	11,470	8,260	6,650	5,030	3,410	122,200
458,000	461,000	23,030	18,170	14,940	11,710	8,470	6,770	5,160	3,530	123,800
461,000	464,000	23,520	18,420	15,180	11,960	8,720	6,890	5,280	3,660	125,600
464,000	467,000	24,010	18,660	15,430	12,200	8,960	7,010	5,400	3,780	127,300
467,000	470,000	24,500	18,910	15,670	12,450	9,210	7,140	5,520	3,900	129,000
470,000	473,000	24,990	19,150	15,920	12,690	9,450	7,260	5,650	4,020	130,700
473,000	476,000	25,480	19,400	16,160	12,940	9,700	7,380	5,770	4,150	132,300
476,000	479,000	25,970	19,640	16,410	13,180	9,940	7,500	5,890	4,270	134,000
479,000	482,000	26,460	20,000	16,650	13,430	10,190	7,630	6,010	4,390	135,600
482,000	485,000	26,950	20,490	16,900	13,670	10,430	7,750	6,140	4,510	137,200

以下略

　たとえば、月給450,000円で奥さんと16歳以上の子供1人を養っている人（＝扶養2人の人）は所得税額14,200円ということがわかります。

　これより、手取り額＝450,000円－14,200円＝435,800円ということになります。

　そしてここで会社が預かった14,200円は、翌月10日までに納付しなければなりません（但し、「源泉所得税の納期の特例に関する申請書」を出している給与の支給人員が常時10人未満である事業所に限っては、1～6月分を7月10日、7～12月分を翌年1月20日で良いとされています）。

(2)　報酬の源泉徴収

　フリーランス（個人事業主）の方に報酬を支払う場合に、源泉徴収が必要になる場合があります。

　一般的な中小企業の支払先に多いのは下表に掲げる人たちですが、専業のFX法人においては1の税理士や、せいぜい2の司法書士くらいかと思います。

　1と2の場合、(1)と同じタイミングで一緒に納付すれば良いので問題ありません。

　逆に3の報酬は「源泉所得税の納期の特例に関する申請書」を出している会社でも必ず翌月10日納付と決まっていますので、注意が必要です。

　FX法人で別のビジネスを立ち上げるような場合、たとえば、フリーのデザイナーさんに会社案内やパンフレット、ホームペー

○源泉徴収が必要な個人への支払（一部）

1　弁護士、税理士などの業務に関する報酬・料金
弁護士（外国法事務弁護士を含みます。）、公認会計士、税理士、計理士、会計士補、社会保険労務士、弁理士、企業診断員、測量士、測量士補、建築士、建築代理士、不動産鑑定士、不動産鑑定士補、技術士、技術士補、火災損害鑑定人、自動車等損害鑑定人の業務に関する報酬・料金
2　司法書士、土地家屋調査士、海事代理士の業務に関する報酬・料金
3　原稿料、講演料など
原稿料、挿絵料、作曲料、レコードやテープの吹込料、デザイン料、放送謝金、著作権の使用料、著作隣接権の使用料、講演、技芸・スポーツ・知識等の教授・指導料、投資助言業務に係る報酬・料金、脚本料、脚色料、翻訳料、通訳料、校正料、書籍の装丁料

ジのデザインをお願いした、というようなときにこのようなもの
が発生することになりますので注意してください。

(イ)　償却資産税

　地方税の一つで、1月1日時点で所有している償却資産につい
て賦課される固定資産税の一種です。

　ソフトウェアなどの無形資産は対象外ですし、そもそも150万
円未満の場合には対象外となりますので、FX法人がこれで課税
されるケースはまずないでしょう。

　ただし、税額がない場合でも毎年1月末までに申告だけは必要
です。

　地方税であるため、都道府県税事務所から用紙が送られてくる
のでそれに記入することになります。

(ウ)　印紙税

　FX法人でこれが問題になることは少ないと思いますが、税務
調査で必ず確認される税目の一つです。

　簡単に言うと、契約書などに正しく印紙を貼っているかどうか。

　FX法人の活動を進めて、講演したり、調査データを提供した
り、トレーディングツールを紹介しながらコンサルティングをし
たり、とビジネスの幅を広げていくと当然契約書が発生してきて、
印紙をちゃんと貼りましょう、という話になります。

　FX以外に事業展開すればなおさらです。

　これを貼っていない場合には、納付しなかった印紙の額とその
2倍の金額との合計額（すなわち本来の印紙の3倍）に相当する

○契約書に貼る印紙（一部）

[不動産、鉱業権、無体財産権、船舶、航空機又は営業の譲渡に関する契約書] 　不動産売買契約書、不動産交換契約書、不動産売渡証書など [地上権又は土地の賃借権の設定又は譲渡に関する契約書] 　土地賃貸借契約書、賃料変更契約書など [消費貸借に関する契約書] 　金銭借用証書、金銭消費貸借契約書など [運送に関する契約書] 　運送契約書、貨物運送引受書など	記載された契約金額が 1万円未満　　　　　　　　　非課税 10万円以下　　　　　　　　　200円 10万円を超え50万円以下　　　400円 50万円を超え100万円以下　　1千円 100万円を超え500万円以下　　2千円 500万円を超え1千万円以下　1万円 1千万円を超え5千万円以下 2万円 5千万円を超え1億円以下　　6万円 1億円を超え5億円以下　　　10万円 5億円を超え10億円以下　　　20万円 10億円を超え50億円以下　　40万円 50億円を超えるもの　　　　60万円 契約金額の記載のないもの　　200円
[請負に関する契約書] 　工事請負契約書、工事注文請書、物品加工注文請書、広告契約書、映画俳優専属契約書、請負金額変更契約書など	記載された契約金額が 1万円未満　　　　　　　　　非課税 100万円以下　　　　　　　　200円 100万円を超え200万円以下　　400円 200万円を超え300万円以下　1千円 300万円を超え500万円以下　2千円 500万円を超え1千万円以下　1万円 1千万円を超え5千万円以下 2万円 5千万円を超え1億円以下　　6万円 1億円を超え5億円以下　　　10万円 5億円を超え10億円以下　　　20万円 10億円を超え50億円以下　　40万円 50億円を超えるもの　　　　60万円 契約金額の記載のないもの　　200円

過怠税を徴収されることになります。

　また、貼った印紙を所定の方法によって消さなかった場合には、その印紙と同額の過怠税を徴収されることになっています。

8.4　申告の時期

　個人の確定申告は12月までで締めて翌年2月〜3月の確定申告期間に申告し、納税することになっています。

　一方、法人の確定申告は事業年度単位となっています。

　12月決算の法人であれば2ヶ月後の2月末までに申告・納税が必要ですし、6月決算の法人であれば、8月末までということになります。

　なお、財務諸表監査を受けるような場合、申告期限は事前の申出により延長することができますが、この場合でも納付期限は変更されません。

　FX法人に関していえば、申告期限の延長が必要な状況は考えにくく、申告も納税も決算から2ヶ月以内と認識しておけばよいでしょう。

8.5　税務調査

　個人、法人に限らず、提出した税務申告書には税務調査が行われることがあります。

　小さな法人であれば2日程度をかけて調査官が過去の決算・申告の状況を調べて税務上問題ないかを確認しに来ます。

「来ます」ですから、原則として会社の本店所在地に来て行われることになります。

本書で想定しているのは小規模な FX 法人ですから、調査は所轄の税務署から 1 人または 2 人が来るはずです。

社長や担当者にヒアリングをし、帳簿を閲覧し、その過程で生じた疑問点を確認して必要な資料を要求してきます。

この過程では、
・（同じ事実でも）こう答えた方が良い。
・この部分はこのように整理しておいた方が良い。
・これは聞かれる前に言っておいた方が良い。
・これは聞かれるまで言わない方が良い。
・調査官が言っている真意はこうである。

ということを認識しながら対応できることが望ましいし、最終的にはネゴシエーションの部分も出てきますから、通常の場合、会計事務所に立会ってもらうことが無難です（税理士法の制約により、税務調査への立会は税理士しかできません）。

そして、このような 2 日間の結果を受けて修正申告書を出し、不足税額を納付して終了、というのが通常の流れです。

お客様の感想を伺うと、特にやましい点がなくても、忘れてしまっているところを思い出したり、微妙な点を突かれてドキドキしたり、と気が休まらず、大変な時間に感じるようです。

そして、この調査のフィルターが通ったものが税務署が認めた申告書になります。

つまり、裏を返せば、それ以前の申告書に何を書いていても、それまでは大丈夫ということになります。

　そのため、「○○も経費にしているよ」とか「○○をこう処理しちゃっているけど大丈夫だよ」という知人の話やネットの情報をそのまま真に受けて自分もマネすることは避けないといけません。

　単にそうした申告書を提出しているよ、というだけのことが多いからです。

　確定申告の期限までに税務署に持込んで受領印をもらったところで、それは単に期限内に税務署が受け取ったということだけを意味しています。

　その申告内容について、その時点で税務署が何かチェックするわけではありませんから、将来の税務調査で覆されることは十分にあるのです。

　実際に税務調査を受けて、調査官がテーマとして取り上げて、結果として大丈夫だった、ということであれば大丈夫である可能性が高いのですが、その場合でも、他に大きな問題が出たことによって修正の対象とならなかった可能性も十分にあります。

　日常の会計処理や税務申告は、こうした将来の調査のことも想定して行う必要があります。

法人の行う法人税の申告を個人の所得税の確定申告の知識の延長で行うことはできません。

また、いくら簿記の勉強をしたことがあってもまったく異質のものなので無関係です。

つまり、法人化する場合には、会計事務所との契約は必須と考えて検討するべきといえます。

ここでひとことで会計事務所といっても、

単に○○会計事務所としているところだけでなく、○○公認会計士事務所、○○税理士事務所、○○公認会計士税理士事務所、税理士法人○○といろいろなものを目にすると思います。

これらの名称はその事務所のトップが公認会計士なのかあるいは、公認会計士であって税理士なのか、単に税理士なのか、もしくは複数の税理士なのか、という事実を示すだけで、業務内容には関係ありません（なお、「税理士法人」というタイトルからは税理士が複数いる前提の組織形態なので、比較的規模が大きいことを知ることができます）。

むしろ、このようなタイトルとは関係なく、その事務所がどのような顧客を対象に、どのようなスタンスで業務に臨んでいるのか、そしてコストはいくらなのか、の方が依頼をするにあたっては重要な情報になります。

(1) どのような顧客を対象にしているか

たとえば、FX法人を設立して運営するにあたって、相続税を専門とする事務所に行っても見当違いなのはわかると思います。

ベンチャーの設立支援をやっている事務所が良いのですが、そこでも FX をやるつもり、というと難色を示すところも多く、事前にその点は確認した方が良いでしょう。

難色を示す理由は、FX 法人を不安定な顧客とみなすケースもありますが、それ以前にその事務所にとって FX 法人がイレギュラーな案件となってしまうことによります。

何件もある顧客の中で、対応したことのない種類の案件を1つだけ受けるというのは、その事務所にとっては負担になり、また、その状態で無理に引き受けてミスをするようなことがあれば問題になってしまうからです。

また、FX 法人に対応していても、顧客を近隣に限っている事務所もあります。

巡回訪問することを前提とする事務所では、事務所から1時間を超える先には顧客を持たないといった基準を設けていることもあり、この点も要確認点です。

ただ、私共 ASC では FX 法人に距離は無関係と考えて全国対応を謳っており、北海道や九州・沖縄のお客様も少なくありません。

これは、近くのお客様にも特段お会いせずに業務が進んでいることからすれば当然のこととはいえます。

(2) どのようなスタンスか

大きく分けて、

A. 顧客が会計ソフトを調達して自ら入力することを推進している事務所

その逆に

B. 顧客が会計ソフトを調達する必要がなく、入力業務も代行
　　する事務所

があります。この場合、会社は最低限の資料をセットして会計
事務所に情報提供し、会計ソフトの入力作業から依頼することに
なります。

　どちらも一長一短があり、Aはコストと入力の負担を会社が負
う代わりに、日々の損益状況がリアルタイムで把握できます。
　一方、Bはコストと入力の負担を会社が負わない代わりに、損
益状況の把握が月単位になります。
　FX法人の場合、本業の損益はオンラインで毎秒リアルタイム
で把握できているわけですから、会計税務上の整理は月単位にし
ていても経営判断に支障が出ることは考えにくく、ローコストで
運用可能なBが適しているといえるでしょう。
　ちなみに、私共ASCでは、B（会計ソフトへの入力作業をすべ
て会計事務所で行うスタイル）を主体としており、とくにFX法
人のお客様には100％こちらで対応しています。

⑶　コストについて
　会計事務所に依頼するといくら取られるかわからない。
　確かに数年前まではそうした状況がありました。
　ホームページを見ても「実績と信頼の○○会計」とだけ書いて
あって、料金のめやすもわからない。
　ただ、最近はそれも変わってきています。
　逆に、業務ごとに細かく値段が書かれすぎていて積み上げると
結局いくらになるかわからない、という現象が出てきているくら

いです。

　ただ、FX法人に関していえば、通常の事業会社よりも明確で処理量も多くありません。

　主たる事業であるFXを現金商売でやることはなく、そのやり取りは証券会社等が発行する取引報告書に出ているからです。

　このため、私共ASCでは、FX法人限定の全国一律月1.5万円コースを設定しています。

　年間総額でも約29万円です。

　つまり、通常の事業法人と同じ料金を適用されると少し高いくらいになるところ、FX法人を多く手がける事務所であれば、その点を踏まえて、私共ASCと同様、割安な価格設定をすることがありますので、ホームページなどを見て検討してみてください。

⑷　その他

　会計事務所は様々な業種のお客様とお取引があるだけでなく、FX業者や証券業者の情報に触れる機会が多くあり、また金融機関、弁護士や弁理士等の他の士業、その他事業者と密接な関係を持っています。

　FX法人の場合には、情報提供や紹介の必要性を感じることは少ないかもしれませんが、別のビジネスに乗り出すようなタイミングまで考えると、色々な話がスムーズに動く一助になるかと思います。

たとえば FX 口座開設

私共 ASC では毎月 FX の設立会社があるため、最近の FX 業者各社の口座開設事情をお伝えすることができます（なお、私共のご紹介で法人の FX 口座開設がスムーズになる場合もあるのですが、それが可能なのは一部の限定された業者さんだけであって、お約束できたり、ご期待いただけるものではありません）。

たとえば融資

いきなり銀行の窓口で融資の話を切り出しても通常はうまくいきません。その場合、会計事務所から紹介を受けた方が話が進みやすいのは事実です。

たとえば他の士業

契約書のチェックをしてほしい、特許を取りたい、飲食業の許可を受けたい、派遣業登録をしたいというニーズがあった場合。

上記では、順番に弁護士、弁理士、行政書士（ASC 併設）、社会保険労務士（ASC 併設）という方々の手を借りることになります。

会計事務所に相談すれば、

・そもそもこのような話はどこに相談すれば良いのか？

・それがわかったら、どんな基準でどう選んだら良いのか？

ということを知ることができますし、通常の場合、紹介を受けることもできます。

8.7

会計ソフトについて

既に見たとおり、会計ソフトがなくても、また、使うことができなくても、FX法人の会計を行う上で支障が出ることはありません。

ただ、自分でも会計ソフトに入力してみたいというご意向をお持ちの方もいるでしょう。

その際、どのような会計ソフトが良いか？

たしかに、中小法人が使える市販の会計ソフトにはたくさんあって、その中でも手が出しやすく、一定の評価があるものを並べると次のとおりです。

なお、コメントは著者の私見なのでご容赦ください。

メーカー	ソフト名	コメント
弥生	弥生会計	「スタンダード」と部門別把握や分析機能が強化された「プロフェッショナル」とがある。 ＦＸ法人は「スタンダード」で問題ない。 初心者でも利用できる内容。
ソリマチ	会計王	安価ながらも安定感のある会計ソフトとして一定の評価を受けている。 弥生会計以上に出力帳票が充実している面もある。
OBC	勘定奉行	テレビ CM でもよく見るが、この表で紹介する中では上位のソフト。価格的にも 10 万円以上する。 操作性は弥生会計に劣るが、確実性・堅牢性には定評があり、上場企業がそのまま使うことも多い。
PCA	経理じまん 会計X	「経理じまん」は「会計」シリーズの下位製品で、その分安価な価格設定をされている。 FX 法人なら「経理じまん」で十分だが、「会計」シリーズの評判が高く、多く使われているように見受けられる。
EPSON	財務応援	「Lite」は手ごろな価格なので自ら導入する人も多い。 この上位版を会計事務所が導入してサポートするケースも見られる。
JDL	出納帳	会計システムの老舗で信頼性は高い。 小規模向けには、ネットでのソフト提供が中心になっていて、パッケージソフト販売中心の他社との路線の違いが明らかになってきている。
freee	freee	クラウド会計の代表例。良くも悪くも独創的で、よく理解しないまま安易に使うと失敗する。ここ最近になって使いやすくなり、サポートも以前より充実してきている。
Money Forward	MFクラウド	画面操作が freee に比べると会計ソフト寄りで会計事務所からの人気が高い。また、コスパが良く、様々なソフトから MF クラウドへの乗り換えも増えてきている。

なお、客観的にお勧めできるのは「弥生会計」、クラウド会計ならば「MF クラウド」です。

　両者ともなにしろ使いやすい。

　当然会計専用機や OBC の勘定奉行に比べれば、簡単に何でも処理ができるので心配な点があることを認めますが、入力し、閲覧し、結果を利用するのが 1、2 名であるなら、特に問題ありません（たとえば、勘定奉行には、複数の人が同時に入力（分散入力）をすることができるものがありますが、FX 法人において必要な機能とはいえません）。

　ちなみに、この稿を含む本書において、会計ソフトメーカー等から対価を受けて記述している箇所はありませんのでご安心ください。

7

結婚するために設立

何を言ってるの？　と言われてしまうかもしれません。

しかし、実際に多い設立動機のひとつなのです。

既存のお客様はもちろん、ひと月の間だけでこれが目的の設立案件がいくつもあるほどです。

このような動機が珍しいことでもなければ、当然恥ずかしいことでもなく、もっと気軽に私共 ASC にご相談頂きたいと思います。

具体的には、

「専業でトレードしている。無職だとお見合いさえできないから社会的地位とか肩書が欲しい」

「専業で長年儲け続けていて、年内に連れ添ったパートナーとの結婚を考えている。しかし、向こうの親に現在の身分の説明が出来ずとても困っている」

「近いうちに結婚して住宅を購入したいが、訪れるであろう将来の各審査のためにも給与所得での安定収入を確保したい」

それぞれに共通しているのは、

「結婚に向けて、安定的な社会的信用が欲しい」

ということです。

そもそも専業というだけで社会的信用がないということ自体が個人的には少し疑問に思う点もありますが、審査であったり、古い世代とやり取りするうえで安定感の欠如は否めません。

近年は特に若い世代を中心に投資を始める方が増え、そこからさらに経済的自立を目指す層も増えてきました。さらには一度も

社会に出ずに、最初から個人投資家になるパターンも決して稀と
はいえなくなってきています。

　個人投資家に、もし足りないことがあるとすれば、「オカネは
あっても社会的信用が足りない」とか、あるいは何かが足りない
と感じている「心理的な不安」でしょう。

　そこで一つの有用な解決手段として、自分が経営者になるとい
うことが現実的でかつ無駄が少ないとも考えています。個人投資
家としてもう一つの器が持てるということ、さらには節税対策も
幅が広がり、一番欲しかった社会的信用も得られます。

　そのための年間コストが約30万円であるならこれは安い買い物
なのかもしれません。

FX 以外のビジネス展開

9.1 不動産業

　私共 ASC のお客様には、会社あるいは個人で投資を好んで行われる社長さんが多くいらっしゃいます。

　FX はもちろん、株式や商品に対する投資、その他匿名組合などにより組成されたファンドへの投資。

さらには自らファンドを立ち上げる方もいらっしゃいます。

　ただ、その結果はどうか。

　これが本業でなくて良かった、とおっしゃるケースが多くあります。

　そのような中、もっとも安定的に収益をあげている事例が多いのが不動産の賃貸経営、いわゆる大家さん業です。

　それも、既に稼動している中古マンション等をオーナーチェンジで買い取ってその後を運営していく場合には、銀行融資をつけながら、かなり確度の高い収支を見ながら結果を出されています。

投資時点にはかなりの労力を使うものの、その後の運営にはあまり時間をかけなくてもすむので、まさに不労所得といえるような収入になります。

　さらに、うまく進めていると時折高値で買いたいというオファーがあったりするので、当初目的としていないキャピタルゲインまで手にすることもあったりします。

　もちろん、空室を埋めるのに苦労する物件だったり、高値で買ってしまって借入の返済に苦労するどころか実質持ち出しになってしまうリスクはありますが、有価証券投資よりも堅実な投資になろうかと思います。

　FX法人の方々においても、FX投資でのリターンをよりローリスクローリターンながら不動産への投資も検討すると良いかもしれません。
　不動産投資はFX投資と異なり銀行融資がつきますから、堅実にレバレッジをかけた投資を実現できます。

9.2 物販その他

　FX法人を副業でスタートする傾向が強いことは既に述べたとおりです。
　このため、FX法人が次に手がけるビジネスも副業的に始められるものが多いようです。
　その一例がネット通販等のネット広告。
　アフィリエイトでFXを補うほどの収益を上げる会社は多くあ

りませんが、ネット通販に関しては、独自のルートで海外製品を輸入販売する等して、変動の大きいFXの損益にベースとなる利益をもたらしているケースも見受けられます。

　会社は利益の受け皿として大変便利な存在ですから、FX法人として立ち上げたからといってFXに限らず、色々なチャンスをとらえて収益拡大を図るのが良いのではないでしょうか。

9.3　FC

　フランチャイズ（FC）は一定水準のオペレーションが可能になるパッケージと本部のコンサルティングがセットになって売られています。

　FCだと金融機関が融資に応じやすい点も手がけやすいポイントです。

　経験のない業界での通常の起業がハイリスクであるなら、ミドルリスクミドルリターンくらいにはなります。

　したがって、FX法人がFXの次に乗り出すビジネスに、まずはFCで、ということも十分検討の余地はあるかと思います。

　ただ、逆に言うとその程度である、つまり、リスクが十分に残っている、ということには注意が必要です。

　本部には参入のお手伝いをしてもらうくらいのつもりで考えないと、すぐにドロップアウトすることになりかねません。

　実際私共ASCのお客様でも、FCで始めたパソコン教室が、あるいはラーメン屋が1年も経たないうちに立ち行かなくなった例があります。

FC で始めると自分だけで始めるときよりも注意力が落ちますから、その点も十分に注意する必要があります。

　自分でやるときにはしっかりと調べるものも、本部任せの気分が邪魔して調べない。

　慎重にやるところをせかされるように決めてしまう。ということも出てきます。

　そのため、まずは客観的に自分なりに研究してから本部の話を聞くというような慎重な対応が必要だと思います（本部の人の話から入るとどうしても客観視できなくなります）。

　また、FC 選定にあたっては、簡単に始められるものほど警戒した方が良いことにも注意してください。

　たとえば「初期コストが50万円。トレーニングは 2 日だけで、すぐに自宅で始められます」というようなビジネス。

　50万円がどこに行くのかを考えるとわかると思います。

9.4

M&A

　以前は、私共 ASC でも、FX 法人が買収される方（売り手）になることは考えにくいと考えていました。

　買収は、再現可能なビジネスモデルを一体として移転することができる場合に有効だからです。

　仮にシステムトレードで成果をあげていたとしてもその活用には個人的裁量が大きくかかわります。そのため、FX 法人を買収したとしても、運用成果を再現することが難しい以上、買い手が現れる可能性は低いと言えます。

しかし最近は、FX 法人が買収される側にもなりつつあります。買収の目的は確実に銀行口座と FX 口座を得るため、場合によっては繰越欠損金も得ることができるからです。

FX 法人が FX 法人を買収するケースが増える時代もすぐそこまできているのかもしれません。その予兆か私共 ASC にも売り案件のお尋ねが増えてきました。

一方で、FX 法人が他業種を買収する可能性は以前から十分にあり得ます。

システム化されたビジネスが、オーナー経営者の高齢化によって売りに出ているケースが最近増えてきました。

FX 法人がこうしたビジネス取得をきっかけに実業に乗り出すことも検討の余地があるわけです。

しかし、前出の FC と違って高額[*1]になりがちですし、いかにシステム化されたビジネスとはいえ、買い手に経営能力がないと継続成長させることはできません。

したがって、前職でマネジメント経験がある方等が取り得る上級編と考えて良いでしょう。

ちなみに、私共 ASC では、日本 M&A センターの理事会員[*2]として、お客様に M&A の情報提供や仲介等の支援も行なっており、このようなニーズに応える体制を用意していますが、これまでプレイヤーに FX 法人が登場したことはありません。

ただ、いずれは豊富な資金をバックにしたストロングバイヤーとして登場することを楽しみにしています。

（＊１）高額
M&A案件（要は会社の売り案件）は大量に流通しているわけではなく、また不動産以上に価値の見極めが難しいため、取りまとめを行うM&A仲介会社や、会社のリスク判断や価値（株価）を検証する法律事務所や会計事務所等への支払だけでも数百万から数千万かかることも珍しくありません。
その売買額となると、対象が中小企業であっても億円単位になるケースも多くなります。

（＊２）日本M&Aセンター
https://www.nihon-ma.co.jp/
株式会社日本M&Aセンター（東証一部）は、中堅・中小企業の友好的M&Aを支援する国内最大級の独立系M&Aコンサルティング会社です。

9.5 融資について

既に何度か書いてあるとおり、残念ながらFXのための投資資金を融資する銀行はありません。

そのため、FX以外のビジネスを展開し、それが軌道に乗ってさらなる拡大に資金が必要になったら…という前提であれば銀行の融資を考えることができます。

逆に言えば、そのような場合、一般に考えるほどは銀行融資のハードルは高くないのも事実です。

最初から1千万円単位の融資は難しいのですが500万円程度から実績を積み上げていく心構えでやっていくのが良いと思います。

なお、融資は極力自分から窓口に出かけていくのはやめた方が良いようです。

銀行は自ら融資を求める会社よりも、紹介や銀行のほうから声をかけた会社を重視します。

たとえば、契約している会計事務所に紹介を依頼するのも効果的です。

一定規模の会計事務所であれば、銀行への紹介を幾度となくおこなっていて、パイプがあることも少なくありません。

日本政策金融公庫などは、会計事務所でお客様と正式な申込前の相談に乗ったりしていますので、そのような機会があると、より的確な申込みに向けた準備ができるようになります。

9.6 会社の終わり

こうした本で、会社の終わらせ方を書いてあるものは多くありません。

しかし、投資そのものを目的とするFX法人は、他の事業法人に比べると、突然事業が継続できなくなるような事態に陥るケースも多いため、これに触れておく必要があろうかと思います。

好調な会社を閉鎖することは通常なく、特に個人資産を管理することの多いFX法人においては稀だと思うので、ここでは、事業が不振に陥った場合の閉鎖方法について取り上げます。

その方法には大きく3通りの方法があります。

(1) 解散して清算する

FX法人の良い点は、事業本体にはロスカットという損失を限定する制度があり、また、銀行等外部にオカネを借りることが基本的にできない関係で、多額の外部負債を抱えたまま会社がつぶれることが少ない点です。

借入があったとしても、事業主やその親族からなので、返済ができなかったとしても法的な整理にまで持ち込まれることがありません。

　このことは、返せない借金を法的に整理してもらう、破産のような手続を取らなくても会社を閉じることができることを意味しています。

　このような会社を閉じる場合、換金できるものは換金し、身内からの借金は必要に応じて棒引きしてもらい、極力シンプルな状態にして解散・清算の手続を取るのが正式です。

　しかしながら、これを進めると、登記を2回、決算と申告を2回、官報への公告を1回、というように、法的手続を進める必要があります。

　当然タダではできず、外部の専門家を使うと30万以上かかり、設立以上にコストがかかります。

　きれいに閉じることができる反面、不振の会社を閉鎖するために30万もかけたくないという意向も強く働くため、一般には、次の休眠の手段が多く取られます。

⑵　休眠する

　「休眠」とは、正式な手続の名称ではありません。

　そのため、税務署や地方の税務官庁に、休眠用の届出用紙があるわけでもなく、通称として用いられています。

　文字通り、休業しています、ということを意味していて、税務署もそうですが、特に地方の税務官庁に、忘れずにその届を出します。

なぜなら、利益（所得）がなくても、放っておくと、存在しているだけでかかる税金（法人住民税均等割、最低7万円/年）が発生してしまうからです。

　この結果、これが出された期間、本当に活動していない（＝休眠している）ことが明らかになれば、地方の税務官庁は法人住民税均等割を課してくることはないようです。
　実際、私共ASCが取扱った案件でも全件この取扱がなされていますし、他の会計事務所でも同様のようです。

　これにより、解散・清算による場合よりも低いコストで実質同じ効果を得ることができますから、やむを得ない場合の手段として考慮に入れておくと良いと思います。

　なお、冒頭書きましたとおり、あくまでもこれは非公式な手段です。
　休業中の会社にまで課税しない、という一定の配慮がなされているに過ぎないと考えるべきで、休眠届を出しているのに何か文句あるか、などとお役所相手に強く主張しないことが必要かと思います。

⑶　FX法人を譲渡する

　自分のFX法人を他者に譲渡します。
　譲渡する側のメリットとしてはお金をかけずに法人を自分から切り離して消すことができます。場合によってはお金をかけないどころか少々お金をもらえることもあるでしょう。

一方、譲受側のメリットは、既に銀行口座や証券口座を持っている法人を得るわけですから、口座開設で失敗するリスクを避けることがあります。ケースによっては、税務上の繰越欠損金までついてくるようなお得すぎるものを安価で確実に手に入れることができます。

　しかし、デメリットもあります。一番大きなことは、そもそも案件が少ない、市場であまり出回っていないことです。もし探すのであれば知人伝い、あるいは私共 ASC のような立場からの情報提供を受けるほかありません。

警察からの電話

　これは私のFX法人サポート史上、最もショッキングな出来事として忘れることができないことです。

　かつて、私が営業担当として新規でお付き合いすることになったお客様がいらっしゃいましたが、年も30〜40代ほどでとても家族思いの礼儀正しい方でした。

　というのも、遠方なので一度もお会いできませんでしたが、お電話やメールでやりとりしている限りでは、その方の人間性を悪くイメージすることが出来なかったからです。

　肝心の法人を設立する動機ですが、離れて暮らす親の介護のために、長年お勤めの現職を辞めて実家に戻るためでした。その時はなんとも素晴らしい話だと思いました。

　しかし、一年半後、それが事件にまで発展してしまいます。

　後に分かったことも含め時系列に列挙します。
・親の介護に専念する必要性が出てきたので現職を辞めた
・親をFX法人の代表者として（内緒で？）法人を設立
・そのFX法人で大損してしまう
・FX法人と自身の住所地を親元へ移動（同居タイミングは不明）
・同居数か月後、事件発生

　これから介護に専念する矢先だったと思いますが、実の親を殺

めてしまったそうです。

　真相は分かりませんが、介護で疲労困憊の状況にあったということと、加えてFX法人で大損してしまったということが関係しているのかもしれません。

　改めて、当時のご逝去の報を含めて回想し、心から哀悼の意を捧げます。

　私共は警察からの電話でこれを知りました。ひどくショックを受けるなかで、警察に調査協力（帳簿等の提出など）するだけで、ほかに私共にできることは何もなく、それきり現在に至ります。

　個人的には、今でも行き帰りの電車の中でふとそのことがよぎる瞬間があります。

　あの時（設立したい、介護が大変だという電話を受けたとき）、十分な配慮が出来ず、そのままFX法人を設立させてしまいました。

　今ならヒアリングを重ねながら、本件の設立の是非も含め、相場以外のリスクを抱えているようであれば法人化をお断りしていた可能性が極めて高いです。少なくとも、より適切なアドバイスができたはずでした。

　だからといって簡単に未来が変えられたとも思っていませんが、最善を尽くせなかったことにつき、とにかく自分の力不足を悔やむのです。

10 よくある質問

10.1

何から準備を始めるか？

　FX法人を設立する場合、まず最初にFX法人についてある程度理解することから始めると良いでしょう。

　最低でも、法人の節税効果や短期的・長期的なメリット・デメリット、個人取引の場合との違いくらいは知っておかなければ、設立前の判断だけでなく、FX法人運営上の判断でもつまづいてしまうことがあるかもしれません。

　この際に注意すべきことは、情報を収集しすぎないことです。自分に関係のありそうなメリット・デメリットだけ把握しておけば、あとは対策や法人の使い方で何とかなったりします。

　次に行なうべきは、実際に個人と法人の有利不利シミュレーションにより具体的にFX法人設立を検討してみることだと思います。

　この有利不利の判断は決してインターネット上の情報だけで行

わず、必ず FX 法人専門、若しくは専門チームがある会計事務所に相談しながら行うことが何より大切です。

　インターネット上の情報は正しいものばかりではありませんし、過去の情報であることや、良くても一般論止まりの情報がほとんどですから、安易に信頼して惑わされないようにしなくてはなりません。

　また、いざ FX 法人を設立となった際には、法人設立時に必要となる登記事項である商号・本店所在地・事業目的・資本金額・決算期・設立日・役員・出資者などの項目も決めていく必要があります。

　本店所在地はどこにすれば良いか？

　事業目的はどうすれば良いか？

　資本金はいくらが必要か？

　決算月はいつが有利か？

　銀行口座や FX 口座はどうすれば開設できるか？

　など悩みはつきません。

　もちろん、私共 ASC ではお客様がこれらの事前準備を行なうところから無料でサポートさせていただいております。

　FX 法人についての説明はもちろんのこと、有利不利シミュレーションは随時ご支援しておりますし、設立後も、蓄積されたノウハウをもって節税対策・税務相談を中心とした経営のバックヤードまで支えていきます。

多くの方が気になるのは、合同会社は株式会社よりも税務上の優遇を受けやすいのではないか？　というところだと思いますが設立時の登録免許税を除き、税務上で株式会社とは同様の取扱いとなりますので、合同会社のための特別な優遇税制は存在していないのが現状です。

その他の点でも株式会社と同等です。

また、銀行口座開設や FX 口座開設の条件でも、いまや合同会社は株式会社と変わらないようです。

以前は、合同会社の認知度の低さに伴う社会的信用の低さなどが大きなデメリットとして挙げられていましたが、最近は合同会社設立も非常に増えてきていますし、もともとそれらへの配慮が不要な FX 法人設立の主流は合同会社へ移行しています。現在の比率で言えば、株式会社：合同会社は 3：7 ほどです。

そのため、私共 ASC では、5.5でも触れているとおり、将来の消費者向けビジネスへの展開等が念頭にない限り、FX 法人には合同会社をおすすめしています。

10.3

最短何日で
設立できるか？

ケースバイケースですが、基本的には必要事項や書類等が整った状態であれば、特に合同会社では最短1日のスピード設立が可能です。

株式会社では、定款認証手続があるので即日設立は難しいところですが、それでもお客様が平日動ける方であれば最短で2～3日で設立は可能です。お勤めの方であればだいたい最低7～10日程をみておくと安心なスケジュールになると思います。

次に合同会社ですが、定款認証手続を省略できるので、下記のような一定の条件を満たせば最短1日でのスピード設立が可能です。

1日で合同会社を設立するには・・・

《設立当日までに行っていただくこと》
- ・代表社員になる方の個人の印鑑証明書を既に取得していること（3ヶ月以内に取得したもの）
- ・商号、本店所在地、資本金、事業目的等の会社の仕様を決めていること
- ・資本金相当額をすぐに動かせる状態であること（資本金の払込を急いで行うことになるのですぐに動かせるオカネが必要）

《設立当日に行っていただくこと》
　　・銀行で資本金の払込を行うこと
　　・はんこ（個人・法人の実印）と資本金払込後の記帳済み通
　帳をご用意いただくこと
　なお、すべての条件が揃わなくてもだいたい2～3日あれば
　設立が可能です。

10.4 バーチャルオフィスを本店所在地とするのは避けるべきか？

　　バーチャルオフィスを本店所在地とすることは珍しくなく、10社設立すればそのうち2～3社はバーチャルオフィスでの設立となっています。

　　注意することは、バーチャルオフィスをNGとしている金融機関もあるため、口座開設予定の金融機関について事前に調査しておくことです。

　仮に開設に問題なくても、バーチャルオフィスを本店所在地とする場合、銀行口座開設時には追加資料を求められたりと、何かと審査に時間がかかる傾向はあるようです。

　これはバーチャルオフィスが過去の振込詐欺等の犯罪に使われることが多かったことや、基本的には逃げる会社（悪い会社）の住所地として使われることが多いことが理由だそうです。

　実際にASCに出入りしている銀行の担当者の話でも「逃げる法人ばかりだから当然審査は厳しくなります。逃げない法人ならあえて長期契約を選択するなど、一時的ではない証明が欲しいです」ということでした。

　このことから、特別な理由がなければバーチャルオフィスは避

けるべきですが、あくまでも避けた方が良いという程度の認識で良いと思います。

　実際、私共 ASC のお客様で、これが理由で口座開設できなかったケースは今のところはなく、むしろ最近の口座開設最短記録はバーチャルオフィスのお客様が所持しているくらいだからです。

10.5 事業目的から FX は外すべきか？

　インターネット上でも色々と情報があるようですが、原則として予定している事業内容は設立時に事業目的として登記すべきですし、FX 取引を行うのであれば当然事業目的に記載すべきです。

　しかし、実務上は6.3で触れたように FX 法人の事業目的に該当する文言をあえて後方へ移動して目立たなくする傾向があります。最近では、法令順守の観点から「外国為替証拠金取引」を必ず記載し、大体は単独ではなく「有価証券の運用」などと併記します。

　「外国為替証拠金取引」は審査でマイナスイメージとなりますが、一方でこの記載を必要とする業者がかつて存在したこともあり、最近では正攻法をとっています。

　もし、銀行から「どうして FX に関する事業目的が入っているのか？」と質問を受けた場合は「将来的に、余剰資金を運用する可能性がないわけではないので、一応入れておいた」という回答をしてもらっています。

10.6

資本金は
最低いくら
必要なのか？

ひとつ明確に言えることは、資本金はある程度多い方が安心であるということです。

だからといって、設立時にFXへの投資資金の全額を資本金として出資する必要はありません。

後から会社へ貸し付けてそのオカネで運用することもできるからです。

それでは資本金はいくら必要か？

参考までに示しますと、私共 ASC の関与先 FX 法人の平均的な資本金額は100万円〜500万円の範囲に収まります。推奨する資本金は100万円以上です。

中でも大半のお客様が好むのは100万円〜200万円で、特に密集している資本金額は100万円です。

よって、特にこだわりがなければ、100万円で検討されたらいかがでしょうか。

例外ですが、資本金が100万円に満たない金額でも業者によっては口座開設は可能です。しかし、決して安全策とは言えませんのでおすすめできません。

10.7

資本金は
誰が払込んでも
良いのか？

設立登記手続に、発起人が出資額を払込む段階があります。

通常、発起人の代表者の個人口座に振込みますが、この際、誰の名義で振込が入ってくるかは、手続上は問題ありません。

たとえば、Aさんが出資するのに、Aさんにオカネを貸してくれたお父さんのBさんから直接振り込まれていても問題ありません。

重要視されているのは、

・払込口座が発起人名義の口座でありその金融機関、支店等が確認できること

・その口座に資本金額以上の払込みの事実が確認できること

です。

そのため、個人証券口座から個人銀行口座へオカネを資本金として移動することもまったく問題ないことになります。

以前は出資者の名前が通帳へ印字されていることを求められていたこともありましたが、それに比べると現在は簡単に行えるようになりました。

10.8

役員は多い方が有利なのか？

「給与をたくさん払って節税するために親族を全員役員にしたい」というお客様からのご要望をいただくことがあります。

これに対して、私共 ASC では、

《株式会社の場合》

役員は1人いれば十分で、ほかに給料を支払いたい人がいれば従業員として雇えば良いとお伝えしています。

主な理由として、役員には基本的にはボーナスは支払えないため、役員報酬のような固定して動かせない費用が大部分を占めてしまうことが、不利に働くこともあるからです。

そこで、代表取締役（兼取締役）をあえて1人として、ほかは従業員給料として柔軟な費用として考えることが節税の観点からも有利に働くと考えています。

《合同会社の場合》

組織形態や役員とされる名称が違うので、前提が異なりますが、考え方は株式会社の場合と同様です。

合同会社の出資者は「社員」と呼ばれ、原則としてそのまま「業務執行社員」（役員）となりますが、一部の人だけを「業務執行社員」にすれば、その人だけが役員の扱いとなります。

この「業務執行社員」は登記簿にも記載され、税務上も役員とされています。

株式会社と同様、役員には基本的にボーナスを支払えないので、ここでも最小限の人数に留めることが得策です。

1人が唯一の役員＝業務執行社員兼代表社員という体制が良

いと考えています。給料を支払いたい人がいたら従業員にすれば良いという考え方です。

10.9 勤め先に知られずにFX法人を設立・運営できるのか？

「FX法人を設立したいけど今の勤め先に知られたくない」というお客様が多いのですが、その具体的な懸念ポイントは、お勤め先への住民税額の通知により副業の存在が知られることでしょう。

給与所得に対する住民税は原則として、一ヶ所で特別徴収（給与から天引き）される前提のため、FX法人で給与を支給する場合、そのFX法人の給与所得分がお勤め先での給与所得分に合算された上で住民税が再計算されることになります。

これにより住民税額は当然増加するので、その徴収を行うお勤め先にその通知が届くことで他に所得がある事実が知られてしまうことになります。

これを避ける代表的な方法ですが、自分は給与を受けないこと、具体的には、家族、親族のなかで支給出来る人がいれば問題の大部分を解決することができます。

しかし、支給できる人がいない場合は行きづまって法人化をあきらめてしまう傾向があります。

あきらめるのはまだ早いので、少なくとも以下の点だけでもご確認下さい。

・そもそも勤め先の給与から住民税が控除されているか？

⇒住民税が普通徴収（お勤め先で天引きせずに個人で納付）の場合、FX法人で給与を受けてもお勤め先にそれが知られる心配はありません。

・お住まいの市区町村へ直接問い合わせて、FX法人での給与分に対応する住民税のみを普通徴収にできないか？
⇒原則、給与所得にかかる住民税は、「特別徴収」により一ヶ所のお勤め先で控除されますが、市町村によってはその点で融通が利く場合もあるようです。

とはいえ、これは私共ASCでの実感値ですが、総じて国（税務署）の事務処理レベルに比べて、地方自治体の事務処理レベルは劣っているのは事実です。地方自治体では、税務担当を他の担当と同様に単に1ポストとして持ち回りでやることもあるようですから、人材の問題だけではないのでしょう。

既に提出して、こちらに先方の受理印付きの控えがある届出について、「出ていないようですが…」と連絡が来たことは1回や2回ではありません。

また、会社側から年末調整の際に、あえて「普通徴収」をお願いしていた人の分が「特別徴収」で届くことも珍しくありません。

つまり、電話に出た担当者にお願いして融通を効かせてもらったつもりでも、そのとおり処理されない可能性がありますから、この点がリスクとして残ります。

10.10

銀行口座開設時に必要となる書類は？

　新設の FX 法人に限ったことではありませんが、一般的な法人の銀行口座開設に必要な書類は次のとおりです。

　特に 1 〜 4 は必須です。

　場合によっては 5 以降も必要となります。

1．履歴事項全部証明書（登記簿謄本）＋定款
2．法人の印鑑証明書
3．税務署提出書類控（設立届出書・青色申告の承認申請書・給与支払事務所等の開設届出書）
4．株主名簿もしくは出資者名簿
5．事務所の建物登記簿謄本（持ち家の場合）、または事務所の建物賃貸借契約書（賃貸の場合）
6．法人名義の他行口座通帳（特定のネットバンクのみ）
7．事業目的に関係のある受注書、発注書、業務委託契約書写し　＊こちらが準備できると審査で有利に働くようです。

なお、上記は一般的な必要書類であり、詳しくは各金融機関のホームページで直接ご確認ください。

　新設法人の口座開設の厳しさは日に日に増してきています。初版のときの状況と比較しても、ネットバンクを中心に若干審査が厳しくなった印象です。

　具体的には、以前は携帯電話でも銀行口座開設が可能でしたが、今では、固定電話（IP 電話も可能）がないと開設申請さえでき

ない銀行が大半となっています。

さらに最近の傾向として、銀行員が本店所在地を訪問することや、法人の実態を示す資料（設立後の取引明細、請求書・発注書、事業に関する契約書、事務所利用の大家さんの同意書など）の提出を求められることが以前より増えてきているようです。

少なくとも口座開設を万全に進めるために、1〜7および固定電話を事前に準備しておくことになりますが、私共 ASC で設立をお任せ頂く場合は、このうち 1〜4 はすべて準備しお渡ししておりますし、7 についても契約書の雛形をお渡しするとともに作成支援させていただくことも多いです。

特に重要とされているのは、経験から言うと実態が確認できる 7 という印象です。

10.11 銀行口座開設のための万全な準備とは？

「口座開設しやすい金融機関はどこか？」とよくご相談を受けます。

以前は、メガバンクよりは地銀・信金等の方が敷居を低く感じたこともありますが、現在は一概にいえない状況となっています。

最近では、地銀・信金では門前払いされたのにメガバンクでは難なく口座開設できたという逆の事例も増えてきているほどです。

また、同じ金融機関でも支店やその担当者によっても多少左右されることがあるようですが、一般には次のような金融機関に依頼すると良いと考えられます。

《候補にする金融機関の例》

　　・本店所在地、代表者住所近隣の支店

　　・給与振込口座のある支店

　　・住宅ローンを借りている支店

　　・銀行員の知り合いに紹介をしてもらう支店

　　・口座残高が多い支店

　　・その他法人、個人事業でお付き合いがある金融機関

　なお、口座開設の難易度とは別の視点で金融機関を考えると、次のような点に着目されると良いでしょう。

　　・口座維持手数料等の手数料が安い

　　・海外送金がしやすい（海外 FX の方は特に）

　　・クイック入出金など業者との連携がある

　ちなみに、ネットバンク（特にネット専門）の口座開設時には特に、しっかりとした法人の実態を証明する資料が求められるケースが多く、軽いノリで申請するとどこも通りません。

　たとえば、ジャパンネットバンク（現 PayPay 銀行）で法人口座を持ちたいというお客様がいらっしゃいました。

　事前に会社 HP が必要となることを確認されていたので、とりあえず適当なホームページを開設して申し込んだところ NG になってしまいました。

　社長さんご自身、ホームページの存在だけを示すためだけに作ったので、審査に落ちても仕方がないと納得されていましたが、「ちゃんと見ているんだな」というご感想のとおり、ネットバン

クだからこそちゃんと見ているのかもしれません。

　一方でほかの社長さんは独自ドメインを取得し、前職の経験で
それなりのホームページをご自身で作成しましたが、簡単に審査
に通りました。

　このことから、ネットバンクは窓口対応がないからこそ、提出
資料などをしっかりと見られます。本格的なホームページを準備
したり、事業目的に関連する契約書を準備したり、できる準備を
怠らないようにしましょう。なお、その他、どちらかといえば良
いと考えられるものを含めて掲げると次のとおりです。

・商号は当たり障り無いものにする

　次のような投資を連想させるキーワードを控えて当たり障りの
ない商号にします。

　「FX」「インベストメント」「アセット」「トレード」「キャピタ
ル」「ファンド」「インベスター」「フューチャーズ」

・事業目的を整える

　FX というハイリスクな投資面を前面に出さず、前職・現職・
個人事業等で既に関与・経験している内容を事業目的の表に出す
ことが口座開設時の事業説明を行う観点からも印象が良いでしょ
う。

　6.3や10.5を参考にしてください。

・資本金は100万円以上にする

　FX 法人であれば100万円以上あれば問題ないと考えています。

　実際に100万円の資本金で設立する会社が現在は90％超を占め

ています。逆に、500〜900万円の資本金があっても銀行口座開設を断られることもあるようです。それは審査事態は総合的な判断によるものだからです。

・本店所在地は自宅または賃貸事務所（長期契約：特にバーチャルオフィス）とする

自宅が持ち家の場合、その不動産謄本等により本人の特定や信用が明確になり速やかに手続きが進む傾向があります。

また自宅が賃貸の場合であっても持ち家ほどではありませんがそこまで悪影響があったケースはありません。少なくとも郵便物が届くように表札に法人名を併記しておきましょう。

一方で、バーチャルオフィスの場合、自宅を本店所在地に出来ない理由があると同時に悪い人たち（逃げる人たち）によく使われてしまう住所地でもあるため、その実態も含めて疑問視されてしまいます。審査が厳しくなる覚悟で進める必要がありますが、少なくとも長期契約（月単位ではなく年単位）ができるバーチャルオフィスを選んでおくと少しでもマイナスポイントを払拭できるかもしれません。

なお、バーチャルオフィスを NG としている金融機関はいくつかありますので、そこには上述の長期契約を行っていたとしても審査さえしてもらうことはできないでしょう。事前に確認しておく必要があります。

10.12

FX口座開設時に必要となる書類は？

最近では、資本金基準が100万円以上というFX法人の常識が存在しますし、この点は設立前の資本金の決定により、まず最初の問題を解消しておくことができます。

次に、法人用のメールアドレスと固定電話番号は必ず準備しておきましょう。

最近、個人情報との重複により審査落ちするケースが目立っています。特に、個人でFX口座を持っている業者に法人として申請する場合には注意が必要です。

また、法人用固定電話番号は銀行口座開設においてもプラスの要素になりますので、この際準備しておくとFX口座審査の総合ポイントも上がると考えています。

また、FX口座開設までに要する期間は約7～10日といったところです。

一般的な法人口座開設に必要な書類は次のとおりで、大体はインターネットから申し込みが可能であると同時に下記書類を同じタイミングで郵送提出することになります。

1．履歴事項全部証明書（登記簿謄本）＋定款
2．法人の印鑑証明書
3．代表者本人の確認書類（免許証、住民票等）
4．法人名義の銀行口座通帳
5．設立時点、または申込み時点の決算書等

10.13

おすすめの
FX口座は?

「どこのFX口座がおすすめですか?」
とよくご相談を受けます。

私共ASCでは特定の証券会社やFX業者と提携しているわけでもなく中立の立場なので特定のFX口座をおすすめすることはありませんが、一般的には以下に口座開設される方が多いです。

国内……OANDAJAPAN、SBIFXトレード、アイネット証券、
　　　　みんなのFX、ヒロセ通商 など
海外……GEMFOREX、XM など

おすすめというよりは選定項目となりますが、

・実質スプレッド幅が狭い(HPの公表スプレッドとはちがう)
・口座開設が簡単
・特典などがある(証拠金ボーナス付与や食料品などのリターン)
・約定力が高い
・企業安定性が高い
・口座凍結事例が少ない
・出金遅延や拒否がない
・MT4、MT5が利用できる

これらが重要な要素のようです。

また、副次的な要素ですが、FX業者の預かり金残高が多く、

さらに自己資本比率が高い業者であれば安心です。FX 口座の安全性については、ビジネス誌などでもその安全性が特集されていることもあるので参考にしてみると良いかもしれません。

　なお、個人で大人気の DMMFX や GMO クリック証券ですが、法人口座開設が行えず、これを当てにして法人化するとその先が困難を極めますので注意しましょう。

　次に、SBIFX トレードについては、個人口座が既にある場合のみ、法人口座開設の審査が厳しいようです。逆に言えば、個人口座を持っていない場合の法人口座開設は比較的容易に行えそうです。

　傾向として、数千万〜億を稼ぐようなプロトレーダーレベルは相変わらず国内 FX が中心、資金量が少なめの猛者トレーダーは海外 FX が中心です。

　結局は、レバレッジのハイ・ローが必要証拠金の増減にダイレクトに影響しますから、今も昔も資金量で国内外を選別し、そのなかで業者を選定することがオーソドックスな選び方といえそうです。

FX 法人としての FX 取引開始日が設立日であると誤解されているお客様が非常に多いようです。

残念ながら、法人設立日から FX 取引を行うことはできません。

法人設立日 ≠ 法人としての FX 取引開始日

手続き上の理由により、設立日から FX 口座開設までの間は少なくとも約 1 ヶ月はかかってしまいます。

そこで、私共 ASC がおすすめしているのは、取引開始予定日から約 1 ヶ月逆算して設立日を設定するということです。

また、これも比較的多い誤解ですが、FX 口座の個人から法人への口座名義変更はできません。

《FX 取引開始までに要する期間》

・設立日から登記簿謄本取得まで……約 1 週間から10日

（管轄の法務局や繁忙期などによりさらに前後することもあります）

・登記簿謄本等取得から銀行口座開設まで……約 1 週間〜 4 週間

（稀なケースでは、審査で 1 ヵ月弱も待たされたことがあります）

・銀行口座開設から FX 口座開設まで……約 1 週間

（審査状況や郵便事情で前後することがあります）

10.15
役員報酬金額の設定等は会計事務所に相談できるのか？

　私共 ASC に限らず、会計事務所は事後的な計算だけでなく、事前の設計にも相談に乗ります。

　たとえば役員報酬金額を決める前には事前に相談に乗ってシミュレーションのお手伝いをさせていただいています。

　FX 法人は、個人と比較すると経費にできる幅が広いことがメリットですが、一方、ほかの通常のビジネスとは異なり、仕入がある訳でもないので法人経費は限定的ともいえます。

　そこで、重要となるのが法人経費の大部分を占める役員報酬金額の設定となるわけです。

　FX 法人の場合、年間損益を予測どおりにすることは難しく、それを前提とした役員報酬の金額を決定する作業は困難を極めます。

　そこで私共 ASC では、黒字決算よりもやや赤字決算となるよう、多めに役員報酬を設定しておくことをおすすめしています。

　理由として、その赤字で生じた損失は最大10年間繰越して将来の利益と相殺することができるので短期的・長期的にも決して無駄になることがないからです。

　また、銀行融資を受けようとすればなんとか黒字を目指す必要がありますが、もともと受けられない FX 法人は無理して黒字を目指す必要がありません。

　もちろん、実際に役員報酬を支払えばキャッシュアウトになってしまいますが、あえて未払として FX 口座内に運用資金を残しておくこともできます。

この未払は余裕があるときに解消すれば良いのです。

逆に、想定以上の黒字決算となった場合、節税対策では補い切れない部分が出てくる可能性もあります。場合によっては、納税というキャッシュアウトにより現時点のFX口座の運用資金が減少してしまうようなこともあるかもしれません。

このような理由からも、安全策として多めの役員報酬の設定をおすすめしているところです。

10.16
賃貸住宅と事務所が同一場所の場合、法人負担の適正割合はあるのか？

FX法人に限らず、自宅の一部を事務所としているケースが多いと思います。このような場合、賃貸住宅であれば、家賃のうち事務所使用に係る部分を経費とすることができます。

具体的には、事務所として使用している割合を床面積等で合理的に算出して、経費部分を計算することになります。

この場合、将来の調査のタイミングで調査官が訪れたときに説明可能な割合に設定しておくべきです。

元々の自宅の広さにもよるので一概に言えませんが、私共ASCのお客様ではだいたい2割〜3割の範囲にその割合が集中しています。

10.17

持ち家の場合、事務所家賃はあきらめるべきか？

持ち家の場合、事務所家賃として法人経費にできないと考えているお客様が多いようです。

たしかに、一般的には賃貸物件の方が持ち家よりも法人経費とできる金額が多くなる傾向がありますので、持ち家は賃貸より不利と考えられています。

しかし、持ち家の場合でも、元々個人で負担してきた単なる支出の一部を法人に移して、税金を減らす効果のある経費に変えることはできます。

たとえば、管理修繕費・水道光熱費・通信費・固定資産税・保険料・減価償却費などの合計額を根拠に合理的な按分割合を用いて事務所家賃として経費にします。

この方法によれば、実質個人で負担している経費以上の額になることはありえませんので、言い換えれば個人での不動産所得が発生しない範囲内で法人経費とすることが出来るので、個人確定申告の観点からも面倒はかかりません。

ただし、住宅ローン控除を受けていたり、近々売却を予定していてマイホームの売却益の特例を受ける予定のある方は、そのデメリットの方が大きくなる可能性が高いので避けるべきです。

FX口座の運用資金を増やす方法は
FXで利益を獲得することだけではなく、
他にもあります。

代表的な例では、個人から法人へオカ
ネを貸し付けてあげることがあります。

他にもFXで利益が出ていても、それ
を給与や経費の支払いによるキャッシュアウトにまわさず未払状
態にしておくことができます。

この場合は、その分はFX口座内へ留保されたままになるので
問題は解決されますし、将来、資金的な余裕が出たときに未払給
与や未払経費を精算すれば良いのです。

なお、既に述べたとおり銀行がFXや投資信託をはじめとする
金融商品への投資会社に対して融資をすることは通常ありません
から、この他の残る手続としては増資があります。

たまに「運用資金を増やしたいから追加で増資したい」という
お客様もいます。

増資をすることと、追加運用資金を会社に入れることは、感覚
としては何となく似ているので同じように捉えられる方もいます
が、両者は異なるものです。

まず、追加運用資金として会社にオカネを入れることは単に会
社にオカネを貸し付けただけの貸付金（会社側では借入金）とな
ります。

この状態は一般的に多く行われていることなので特に気にする
必要はありませんし、個人の資金さえあれば簡単に行うことがで
きます。

利息もつける必要がありません

（つけることもできるのですが、受け取る個人にとっては雑所得となります）。

これに対して、増資は登記手続を経て登記簿謄本にも現れます。登記ですから、必ず3万円以上のコストがかかります。

つまり、両者は表向きで似ていますが、行う手続きも違えば、借入金は会社に返済義務がありますが、資本金は返済義務がないために大きく異なります。

基本的に、対外的に資本金を大きくして信用度を高める必要もないため、FX法人の場合は増資で対応するのではなく、個人から会社へ単にオカネを貸し付けることで十分ではないかと思います。

10.19 法人口座からオカネを自由に出し入れしても問題ないのか？

個人から法人へオカネを貸し付けることは自由です。

しかし、その逆のパターンには注意が必要です。

法人から個人（役員）へ長期間貸し付けている場合には利息をとらなければなりませんし、この利息、場合によっては貸付自体が役員賞与とみなされるリスクもあります。

この役員賞与とは、税務上は経費になりませんので、不利な費

用の代表例ともいえます。

　加えて、後日税務調査で指摘を受けた場合には、その役員賞与支給時に源泉徴収を行っていない（単に会社からオカネが出て行っただけの状態）ことによる所得税の未納税額が過去に遡って発生するリスクもあわせもちます。

　これを避ける方法としては、やむを得ず会社から役員にオカネを貸す場合には、「特例基準割合による利率」で計算される利息を法人が個人から取ることが必要です。令和4年以降の特例基準割合は0.9％とされていますが、毎年その割合が変わる可能性がありますのでその都度確認しましょう。

10.20 個人名義のクルマの場合、どこまで法人経費として認められるか？

　個人所有のクルマの場合、会社が負担できる範囲はきわめて限定的です。

　個人で取得した車両本体金額、個人契約の駐車場の契約関連費用、個人契約の駐車場代、車検・自動車税・損害保険料などの費用、これらはすべて個人で負担すべきということになります。

　逆に、これら以外の、事業に関連して支出したもの（たとえば、事業に関連する外出の際のガソリン代、高速代、駐車場代など）に限って経費として認められることになります。

役員報酬を未払にしても問題はないのか？

株主総会または同意書（合同会社の場合）などにより決定した役員報酬額については、毎月費用計上を行っていれば、一部又は全部が未払状態でも問題はありません。

問題がないということは、実際は支払っていなくても支払ったものとして経費として認められるということです。

しかし、このとき注意することはたとえ未払であっても、それに対応する源泉所得税は必ず徴収するとともに納付も行っておくということです。

源泉徴収のタイミングは、原則、支払時に源泉徴収を行うべきなので、その観点でいえば本来、未払を解消した時点（実際に支払った時点）で源泉徴収・納付も行えば良いことになります。

しかし、実務上、管理の煩雑さを避けるだけでなく役員報酬が堂々と費用として認められるためにも税務署へ納付をしておくことが望ましいと考えられています。

赤十字社や震災復興支援団体への寄付金は法人経費とできるのか？

財務大臣が指定した日本赤十字社の事業に対する寄付金は指定寄附金に該当するので、その全額を法人経費とすることができます。

これは地方公共団体に対する寄附金に対しても同じです。

また、震災復興支援団体への寄附金も条件を満たせばその全額を法人経費とすることができます。

その条件とは、その寄附金が「国又は地方公共団体に対する寄附金」（国等に対する寄附金）、「指定寄附金」に該当するものであれば、支出額の全額が法人の経費とできるというものです。逆にこれに該当するか不明な場合、その募金団体が受ける寄附金が、最終的に国や地方公共団体に拠出されるものであることが新聞報道、募金要綱、募金趣意書等で明らかにされており、そのことが税務署において確認できれば良いとされています。

　なお、他の寄附金は次のとおりです。

　いずれも、財務大臣、主務大臣、国税庁長官の認定を受けている寄附先であることが要件とされているので、事前に経費として認められるかどうかの状況を確認しておくことをおすすめします。

参照元：国税庁タックスアンサー（寄附金を支払ったとき）

○所得税と法人税の寄附金税制の比較（主なもの）

区分	所得税	法人税
国又は地方公共団体に対する寄附金	特定寄附金として、一定の金額を所得控除〔公益社団法人等、認定NPO法人等又は政党等に対する寄附金で一定のものについては、税額控除を選ぶことができます。〕	支出額の全額を損金算入
指定寄附金		
特定公益増進法人に対する寄附金		一般の寄付金とは別枠で寄附金の額の合計額と特別損金算入限度額とのいずれか少ない金額の範囲内で損金算入
特定公益信託の信託財産とするために支出した金銭		
認定NPO法人等に対する寄附金		
政治活動に関する寄附金		損金算入限度額の範囲内で損金算入
一般の寄附金（上記以外）	所得控除されない	

クルマを法人名義に変えても問題はないのか？

名義変更を行うこと自体に問題はなく、比較的簡単に行うことができます。

しかし、この時個人から法人へは時価で譲渡すべきことに注意する必要があります。

時価といっても中古車の相場ですから、新車で買ったときよりも安いのが通常なので、その場合、（儲かっていないため）所得は発生しません、仮に発生しても生活用動産の譲渡所得は課税されることはないので心配ありません。

ただし、高級車は生活用動産として認められないケースもあり、その場合は課税されてしまいます。

ちなみにこの時価。

業者で見積をもらうのが理想ですが、ネットで車種、年式、走行距離等を考慮に入れて同等と考えられるサンプルをいくつかもって決定すれば足ります。

なお、ここで参考にした資料はプリントアウトして、後日の税務調査に備えて保存しておきましょう。

決算月の変更は簡単に行えるか？

FX法人の場合、一ヶ月の間で莫大な利益が変動する可能性があり、決算対策が期末までに間に合わないことも珍しくありませんから、決算期変更での対応が考えられます。

大企業でなければ、臨時株主総会を開催、または同意書（合同会社の場合）を準備して定款変更後、税務署等へ決算期変更の届

出をおこなえば、簡単に行うことができます。

　また、これによる登記変更手続を行う必要はないので追加出費をせずに行える点でも効果的です。

10.25 他事業との損益通算は行えるか？

　ＦＸ法人では「損益通算できますか？」とよく聞かれますが、できます。

　厳密には、個人所得税の損益通算とは異なるものの、法人で生じた他の収益・損失は全て合算されて法人税が申告されますので、事実上、個人所得税でいう損益通算と似たあるいはそれ以上の効果となり、これが理由で「損益通算できます」という回答をしています。

　たとえば、FX事業で利益が1,000万円出ていても、他事業の方で1,000万円の損失があればトータルで法人の利益は０となります。

　一つ注意するならば、法人で出た損失は、個人所得とは通算できないということです。

　つまり、法人では1,000万円損失で、個人では1,000万円の給与所得があっても、両者は別人格ですから、いわゆる損益通算はできません。

相場以外のリスクを負うことについて

　以前、上場企業にお勤めのお二人（男女）が早期退職し、FX法人を設立するというお話をいただき、喜んでサポートさせて頂いたことがありました。

　設立前の相談時から「事務所物件を探している」ということでしたから、その時は用意周到かつ資金力豊富で立派なお客様だなと感心しました。
　なぜなら、一般的には、ほかの場所に事務所を借りてまでFX法人を設立することはレアケースだからです。
　同時に、誰もが知るほどの大企業にお勤めであり、まだ定年まで長い年数があるようでしたから、なぜそこまでリスクを取られるのか、他に何か理由があるのではないか？　ということも感じました。

　代表は男性（50代）、役員に女性（40代）、本店所在地は女性宅（男性宅から近距離）という法人の仕様。ちなみに男性は妻帯者で、お嬢さんが複数いらっしゃる方でした。
　郵送先はすべて取締役の女性の自宅兼事務所に設定されており、男性のご家族には知られないような手はずが全てにおいて整っている様子です。

　ただ、なんとも最初から綱渡りのスタート。
　相場以外に気をつけることが多い。
　こちらも連絡にいろいろと気を遣いながらのお付き合いになり

ます。

　その後、こうした諸事情もあってか運用がうまくいかず、私共の事務所とは解約となりました。
　法人は休眠となってしまったようです。

　また同時期には、他の案件で、離婚調停中（別居中）の旦那様のFX法人化をサポートしたこともありました。
　そのケースでは、奥様側が書類の転送手続きを行っていたため、奥様のご実家にすべての重要書類が届いてしまい、法人関係の書類もすべてそちらに届いて即座に破棄されてしまいました。
　このように、他のリスク・トラブルを持ち込むことで、創業や運営・運用に支障が出ることがあるのです。
　今回あえてコラムに載せることで、できるだけ法人の設立や運営に相場以外のリスクやトラブルを持ち込むのは避けた方が良い、ということをお伝えしたいと思います。

おわりに

　前回の三訂版から短期間で改訂する運びとなりました。

　この間、新型コロナウィルスの脅威は徐々に落ち着きを見せつつあります。

　毎日の感染者数増減の報道に不安を感じることが減り、予防接種も十分に普及すると同時に、抗原検査キットも一般に流通しています。

　また、あのアベノミクスを主導してきた安倍晋三元首相は不幸にも凶弾に倒れ、今日では日本経済が超円安時代に突入しています。

　FX法人の設立に関しては、かつてほどの盛況にはないものの、プライベートカンパニーの中の一つとしてしっかりと定着を見せています。

　実は、昨今、スキャルピング派のトレーダーが活躍できる場所

が、FX業者側の制約で狭まっています。スキャルピングトレードを行った途端に口座が凍結されてしまいます。

　これもあってか、今まで主流だったFXトレーダーが減ってきている印象もあります。

　一方で、今やMT5をはじめとする自動売買が現在の主流ですから、今までとは異なる新しいトレーダー層の流入も継続的にあるようです。

　以前より、あらゆる情報を日々キャッチアップしてきましたが、その多くは私共のお客様からの情報、実績から得られたものであることは昔から変わっておりません。

　今があるのはお客様のお蔭であることを日々感謝しながら業務にあたっています。

　以降、三訂版以前からの抜粋を含みます。

　FX法人を設立される方々が好んでお読みになられている「金持ち父さん」シリーズで、著者のロバート・キヨサキは何と言っているか？

　投資のために自分の時間を使い（要はまじめに投資の勉強をして）、自分の資産形成を支援してくれる専門家チームを持とう、と言っています。

　本書を、そのような勉強とあなたのチーム形成の参考にしていただき、私共ASCをそのチームのメンバーにしていただけたら

うれしく思います。

　私共のお客様へのスタンスは初版のころから変わっていません。
　もし、変わった点があるとすれば、蓄積されてきたノウハウの
量が桁違いに増え、投資先多様化に対する税務経験値も大幅に向
上、そして国内外の投資家をサポートできる専門チームが拡充さ
れていることです。
　以前にも増して体制が整っていますから、これからもご安心の
上でお任せいただけます。

　最後に、この本は、（株）リンキング古田さん、MM クリエイ
ティブコネクト株式会社宿谷さん、福島さんのご支援、税理士法
人 ASC に所属する全職員の協力により完成させることができま
した。
　著者三人の家族やこども達（匠、泉水、陸翔、舟、稜真）も合
わせ、各位に感謝します。

　　令和 4 年12月

　　　　　　　　　　　　　　　　　　　　　　　　　著　者

12 著者と事務所紹介

著者紹介

株式会社エーエスシー／税理士法人 ASC

中村健一郎

代表取締役／代表社員

公認会計士　税理士

平成9年公認会計士事務所開業登録、
平成12年税理士登録

　お客様から多々相談、紹介される投資案件に、時には自ら投資することもある。

　その対象は上場株・FX はもちろん、不動産、原油採掘、太陽光発電、仮想通貨、AirBnb、コインランドリー、外貨両替機、非上場株、詐欺が疑われるほどの海外の高利回りのファンド等と多岐に渡る。

　客観的には失敗のものも多いが、すべて勉強と前向きにとらえ

るようにしている。

成田晋

金融商品チーム

平成17年入所。

　ベンチャー企業の創業とその後の運営を主に担当してきた。ここ数年間は、投資家寄りのキャッチアップに努めており、自らもFXのほか、暗号資産、不動産、太陽光発電とリスクを取りながら資産形成をすすめている。現在は山梨県甲府市に在住、特急あずさ・かいじで遠距離通勤と週数日のテレワークを行いつつ、朝は畑を耕す日々。

蛯川恵実

金融商品チーム

平成24年入所。

　一児の母として毎日子育てと仕事に奔走中。FXチーム中でも数多くの導入・運営サポートを積んできている。自らは、おカネに関しては全くリスクをおかさず、一切投資しないスタンス。

　この考えもあり、創業前の無計画でリスキーなお客様には安全面を危惧して法人化をお断りするこ

とさえある。また、詐欺まがいの投資先については躊躇せずお客様に警笛を鳴らす。その堅実さとリスクヘッジ能力にも高い定評を頂いている。

(事務所紹介)

税理士法人 ASC

　FX、株式、不動産投資などに係る投資法人の創業・運営サポートを得意としている。

　設立報酬無料、全国一律月1.5万円（税別）プランを展開、会計事務所の域を脱した専門サービスや適正価格を心掛ける料金設定にも定評がある。

　顧客は北海道から沖縄まで、近年は米国およびアジア圏の投資家が絡む案件も増えてきている。リモート打ち合わせへも対応、そのほかメール、電話、郵送を組み合わせ、距離とは無関係に業務が成立する対応を行っている。

本　　　社　　〒108-0023
　　　　　　　東京都港区芝浦３丁目16番４号山田ビル３階
横浜支店　　〒231-0062
　　　　　　　神奈川県横浜市中区桜木町３丁目７番２号 桜木町シティビル９階
フリーダイヤル　0120-19-7350
代 表 者　　代表社員・代表取締役　中村　健一郎
　　　　　　　（公認会計士・税理士）
従 業 員　　78名

設　　立　平成26年（税理士法人）、平成14年（株式会社）

事業内容

（税理士法人 ASC）

・税務申告、相談、代理

・会計事務および給与計算事務の請負

・認定経営革新等支援機関（令和 4 年 8 月26日認定）

（株式会社エーエスシー）

・会計関連サービス（株価算定・ストックオプションの時価評価
　等）

・その他経営相談・支援業務

・当社は、横浜市都筑区、神戸市（準備中）に計算センターを設
　置しています。

（併設：社会保険労務士法人 ASC）

・社会保険手続

・就業規則作成、助成金獲得支援

（併設：行政書士法人 ASC）

・法人設立

・許認可

（併設：中村公認会計士事務所）

・公認会計士関連業務

・経営革新等認定支援機関（平成24年12月21日認定）

（併設：ASC 芝浦 M ＆ A センター）

弊社は、株式会社日本 M ＆ A センター（東証一部）の理事会員として、中小企業の M ＆ A に関わる活動も積極的に行っております。

沿革

平成14年 1 月　品川区で設立

平成17年 7 月　港区に本店移転

平成24年 6 月　港区内で本店移転

平成26年 7 月　税理士事務所を税理士法人に組織変更

平成27年 6 月　港区内で本店移転

平成28年 7 月　社会保険労務士法人を設立

平成28年11月　㈱エーエスシーが横浜計算センター設置

令和 2 年 2 月　行政書士法人を設立

令和 3 年10月　横浜支店開設

令和 5 年 1 月　㈱エーエスシーが神戸計算センター設置（準備中）

FX 法人向けサービスサイト（ASCFX）

https://ascfx.com/

STOCK 法人向けサービスサイト（ASCSTOCK）

https://www.ascstock.biz/

特化したサービスサイト（クラウド会計、株式投資、太陽光発電、不動産、医療、相続等）

https://www.ascinc.co.jp/

幻冬舎 GOLDONLINE　連載（内容は二訂版）

https://gentosha-go.com/ud/books/5885d6e47765610b36000000

掲載記事

[連載] FX法人の設立＆活用ガイド

なぜあのFXトレーダーは社長になったのか　四訂版
～FXのための会社設立と運営ガイド～

2013年9月30日　初版発行
2016年11月30日　二訂版発行
2021年3月31日　三訂版発行
2023年1月15日　四訂版発行

著　　者：中村健一郎
　　　　　成　田　晋
　　　　　蜷川　恵実
発 行 人：中村健一郎
発 行 所：株式会社エーエスシー出版部
　　　　　〒108-0023 東京都港区芝浦3丁目16番4号
　　　　　山田ビル3階
　　　　　電話：03-5419-7350

発 売 元：株式会社 星雲社（共同出版社・流通責任出版社）
　　　　　〒112-0005 東京都文京区水道1-3-30
　　　　　電話：03-3868-3275
制　　作：MMクリエイティブコネクト株式会社
編集協力：株式会社リンキング
印　　刷：藤原印刷株式会社